춤추고 싶은데 집이 너무 좁아서

로힝야 난민 여성들의 집,
'샨티카나'에 가다

차례

서문
4 이 이야기가 우리를 치유했고,
 이제 당신을 만날 차례이다

1부. 샨티카나가 만든 이야기
24 방글라데시 콕스바자르 난민 캠프 일지—전솔비
86 문해교육 관찰 기록: 글자 앞에 앉은 마음—전솔비
96 예술 워크숍 기록: 사바와 휠—오로민경
112 샨티카나의 정원:
 빛과 그림자가 물결치는 순간들—오로민경
122 샨티카나의 공간들—전솔비

138 순환하는 마음—오로민경

2부. 샨티카나를 만든 이야기
170 샨티카나의 탄생—별빛
216 샨티카나의 여자들:
 샨티카나를 돌보는 사람들의 일상—비바
256 로힝야, 토착성을 부인당한 사람들:
 로힝야의 역사와 난민이 된 과정—이유경

서문

이 이야기가 우리를 치유했고, 이제 당신을 만날 차례이다

"이렇게 말해도 될지 모르겠지만
이곳은 열악하고 절망적이면서
동시에 아름답고 평화롭다"
(2023년 5월 콕스바자르를 걸으며)

우리는 자신의 삶을 완전히 통제할 수 있다고 믿는다. 계획을 세우고 정보를 모으며 각자의 방식대로 미래를 준비한다. 하지만 우리의 힘으로 막을 수 없는 사건들은 언제나 예고 없이 찾아온다. 살면서 한 번쯤은 태풍, 홍수, 산불, 지진, 해일 등 일상을 침범하는 자연재해나 예기치 못한 사건 사고에 의해 다른 이와 무언가를 공유하는 경험을 해본 적이 있을지도 모른다. 어릴 적 정전이 된 도시에서 이웃에게 빌려온 촛불로 빛을 밝히고 낯선 이들과 모여 앉아 저녁을 나누던 기억이 제일 먼저 떠오른다면 당신은 비교적 운이 좋은 편이다. 누군가는 차를 빌린 경험이, 누군가는 음식과 생필품을 빌린 경험이, 누군가는 집을 빌린 경험이, 누군가는 목숨을 빚진 경험이 떠오를지도 모른다. 생존을 위해 도움을 주고받는 것이 특별한 일이 되지 않는 하루, 일주일 혹은 그보다 더 긴 시간. 그동안 어딘가에선 미담이 형성되고 영웅이 나타나기도 하며 때론 기적이 생기기도 한다. 사회운동가이자 문화평론가인 리베카 솔닛도 《이 폐허를 응시하라》(펜타그램, 2012)에서 대재난 속 상실의 자리에 일시적으로 탄생하는 혁명적 공동체들의 놀라움을 강조한 바 있다. 개인주의로 점철된 현대사회에서는 결코 볼 수 없었던 일체감, 서로를 향한 관심, 소속감, 약자에 대한 걱정과 상호 돌봄의 마음이 폐허의 자리에서 생성되었다는 수많은 일화들이 들려온다. 일상이라는 의식하지 못했던 재난을 파괴한 실제 재난의 현장에서 놀랍게도 우리가 목격하는 건 잃어버린 공동체의 이데아이자 미래에 도래할 다른 사회의 가능성이었다.

하지만 이러한 사례들은 대부분 원래의 일상으로 돌아간 사람들의 기억 속에서 회자되곤 한다. 만약 이런 재난의 상황이 장기화되거나 끝나지 않는다면? 서로를 돌보고 배려할 여유가 사라진 오래된 폐허에서, 미래가 보이지 않는 암담한 상황 속에서, 회복 불가한 상태가 영원히 지속되는 곳에서… 그런 곳에서도 공동체의 따뜻함이나 혁명적 유토피아의 이상적 풍경을 만날 수 있을까?
이 질문들은 분명 대재난의 장소들 가운데서 또 한번 소외당한 곳의 현실을 염두에 두고 쓰여졌다. 재난과 불행은 국경과 지리적 위치에 따라, 계급 자본 및 정치적 입장에 따라 차별적으로 머무르며, 희망과 기적도 가능성이 높은 장소에 먼저 찾아오기 때문이다. 희박한 가능성 속에서도 무언가 나타나고 유지된다면 그것은 분명 폐허의 장소를 오래 응시하며 포기하지 않던 사람들의 힘이다.

이 책은 희박함 속에서 사라지지 않던 작은 믿음이 기어이 현실화해낸 작은 공동체의 사례를 조명하고자 한다. 그곳은 방글라데시 콕스바자르에 위치한 세계 최대의 난민 캠프로, 난민이 된 소수민족 로힝야 사람들이 살아가는 곳이다. 그곳에서 만난 로힝야 난민들은 통제할 수 없는 삶의 파도를 받아들이며 작은 공동체를 가꾸어가고 있었다. 그들은 일상 속에서 '인샬라'라는 말을 자주 하곤 했다. '신의 뜻대로'라는 의미이다. 모든 것이 기술과 자본으로 가능하다고 믿는 세상에서 살아가는 사람들에게 '신의 뜻'이라는 말은 상식적으로 이해되지 않을지도 모른다. 아무것도 하지 않겠다는 태도로 여겨질 수도 있다. 하지만 어쩌면 그것은 가장 숭고하고 성숙한 태도이기도 하다. 아무것도 남지 않은 삶이지만 그 안에 원망과 증오와 같은 부정적인 감정을 채우지 않겠다는 결심이며, 남은 생을 자연과 우주의 흐름 속에서 감사하며 살겠다는 다짐인 것이다. 이들은 깊은 상실감 속에서 다시 살아내려는 강한 의지로 아직

도달하지 않은 먼 미래를 본다. 그리고 그것을 현실 속에 앞당겨 만들어낸다. 방문하는 사람조차 마음의 치유를 경험하게 하는 이 작은 공동체를 소개하기에 앞서, 이 변화가 어떤 오래된 폐허에서부터 시작되었는지 잠시 들여다볼 필요가 있다.

로힝야 사람들이 받은 핍박과 차별의 여정을 따라가보려면 뿌옇게 안개 낀 역사 속으로 끝없이 걸어 들어가야 한다. 로힝야인들은 원래 미얀마 라카인주에 살던 소수민족이었다. 미얀마는 수많은 소수민족들로 구성된 연합 국가이기에 문화, 역사, 종교, 언어가 소수 민족마다 다르며, 불교를 믿는 가장 큰 집단인 버마족이 정치, 군사 등 모든 영역에서 주류를 차지하고 있다. 기독교와 이슬람교를 믿는 민족들은 소수인데, 그중에서도 로힝야족은 유난히 미얀마 내에서 극심한 차별과 박해를 받아왔다. 미얀마에서는 로힝야족을 '로힝야'라고 부르지도 않는다. '방글라데시에서 온 불법 이민자'라는 뜻을 담아 '벵갈리'라고 호명하거나 이들의 피부색이 조금 더 검다는 뜻으로 '칼라'라는 비하 표현을 사용한다.

로힝야의 기원과 역사는 몇 가지 이론으로 뒷받침되곤 한다. 8~9세기에 아랍 상인들이 아라칸 지역에 표류하면서 무슬림 유입이 있었다는 연구가 있고, 15세기부터 규모가 커졌다고 하는 연구들도 있다. 그러나 어느 이론에서든 18세기부터 로힝야 사람들이 미얀마에 존재했다는 증거는 분명하다. 영국이 19세기에 미얀마를 지배하며 라카인 지역에 벵골계 노동자를 데려와 농장 일을 하도록 했고 그 과정에서 미얀마에는 무슬림 인구가 증가하게 되었다. → 아디, 《돌아봄, 돌봄, 봄》(아디, 2021), 10쪽. 오늘날 미얀마 군부를 비롯한 극우 민족주의 세력은 19세기에 무슬림 인구가 수상하게 급증했다는 사실을 강조하며 로힝야를 미얀마의 소수민족으로 인정하지 않고 이들이 불법 이주민이기에 시민권을 줄 수 없다고 주장하고 있다.

그러나 18세기 이전 문헌 기록에서는 다양한 스펠링의 '로힝야' 이름이 존재했다고 남아 있다. 하지만 영국의 식민통치 기간 동안 통치의 편의성을 위해 로힝야라는 이름 대신 '아라칸 무슬림', '벵갈리 무슬림' 등의 용어로 대체되며 로힝야는 미얀마 역사에서 조금씩 삭제되어갔다. 사라진 자료보다 사라진 이후의 자료를 빌미 삼아 미얀마 정부는 로힝야를 불법이민자로 낙인찍어왔다. 어느 민족이나 영토권 상실과 주권 상실 속에서 누적된 정체성을 갖게 될 수 있는데, 미얀마에서는 로힝야가 지닌 이주의 역사를 오늘날 자신들이 기획한 제노사이드를 합리화할 논리로 쓰고 있는 것이다. → 이유경, 《로힝야 제노사이드》(정한책방, 2024), 155쪽.

미얀마 군부 정권은 1982년 시민권법을 개정하며 로힝야 사람들이 갖고 있던 시민권을 박탈하고, 교육받을 권리와 국경을 이동할 권리, 토지를 소유할 권리, 취업의 권리 등을 차례로 빼앗았다. 심지어 산아 제한 정책으로 로힝야 사람들은 마음대로 결혼과 출산을 선택할 수 없도록 만들었다. 로힝야족의 정치·사회적 상황을 오랫동안 취재해온 이유경 기자는 이러한 낙인과 고립, 절멸이 오랜 시간 동안 단계적으로 계획되어왔음을 강조하며, 이것이 2017년의 제노사이드를 위한 인프라 구축이었다고 말한다.

지속적인 박해와 차별의 역사가 존재하지만, 로힝야라는 단어가 세상에 제대로 알려지게 된 것은 2016년과 2017년의 충격적인 사건을 통해서다. 2017년 8월 25일이 어떤 날인지 기억하는 사람들은 결코 많지 않다. 이날은 누군가에겐 그저 무더운 어느 여름날 중 하루였을 뿐이겠지만, 어떤 이들에겐 다시는 떠올리고 싶지 않은, 그러나 수시로 들리고 보이는 끔찍한 하루다. 학살이 시작된 8월 25일부터 9월 24일까지 1만 명 이상의 로힝야인들이 사망했으며 2,000명에 가까운 로힝야 여성들이 강간당했고, 어떤 이들은 가족과 친척 모두 사망하여 통계에 집계되지도 않았다. 국경 근처에 살던 방글라데시 사람들은 갑자기 들리는 총소리와 함께 저 멀리서 살림살이를 지고 황급히 이쪽으로 뛰어오는 로힝야 사람들을 마주했다고 그날을 회상한다. 집도 잃고 가족도 잃은 로힝야인들이 끔찍한 사건 한가운데에서 도움을 요청할 때 방글라데시 사람들은 놀랍게도 이들을 자신의 마을에 받아들였다. 방글라데시 콕스바자르 난민 캠프가 현재 마을 위에 넓게 걸쳐져 있는 것이 바로 이때 마을 사람들이 로힝야 사람들을 자신의 커뮤니티 안으로 수용했기 때문이다. 원래 마을 사람들이 살던 지역은 난민 캠프와 구분하여 수용공동체라고 부른다.

캠프 안과 바깥의 경계 지대에서, 시장과 도로, 그리고 여성 커뮤니티 센터와 교육 공간을 오가며 로힝야인과 방글라데시인은 서로 인사하고 마주친다. 2018년에 예멘 난민 500여 명이 내전을 피해 한국의 제주도에 입도했을 때 전국에서 일어났던 이슬람포비아 기반의 대규모 반대 집회와 비교하면, 방글라데시의 포용력과 환대는 한국인들에게도 깊이 생각해볼 만한 사건이다. →

한국에도 2019년에 특집 기사로 로힝야 사태가 알려진

하지만 로힝야 난민 캠프가 장기화되면서 방글라데시 사람들 내부에서도 불만이 생기고 있다. 방글라데시는 인구밀도가 세계적으로 높은 나라에 속하며, 임금이 낮고 빈민층의 비율이 굉장히 높다. 로힝야 난민들이 콕스바자르 지역으로 밀려들어올 때 방글라데시 사람들과 로힝야 사람들의 생활 수준은 큰 차이가 없을 정도였다. 하지만 난민 캠프로 국제사회의 인도적 지원이 늘어나면서 국제기구들의 난민 원조가 집중되며, 난민 캠프 주변의 땅값이 치솟고, 난민들의 값싼 인건비로 대체되면서 인건비가 하락하고, NGO 단체 차량이 다니는 난민 캠프 주변의 도로만 새로 깔리는 상황이 생겼다. 이에 따라 방글라데시 사람들 내부에서도 역차별이라는 목소리가 생기고 있다. 물론 이동의 자유와 교육 및 취업의 자유 등을 생각하면 캠프 안에만 갇혀 있는 로힝야 사람들의 처지와 방글라데시 사람들의 처지는 크게 다르다. 하지만 자신들이 살던 곳에 로힝야 사람들을 위한 자리와 먹을 것을 나눠 주고 100만 명을 수용하기로 결정한 방글라데시 사람들의 환대가 역사적으로 유례없는 사례라는 점을 생각한다면 그들의 목소리를 무시할 수는 없을 것이다. 이 때문에 많은 NGO 단체들은 방글라데시 사람들을 위한 교육 및 원조 프로그램도 함께 진행하면서 방글라데시 수용공동체와 로힝야 난민 캠프의 상생을 도모하고 있다.

바 있다. → 로힝야 생존자들이

아디×경향신문, <로힝야의 눈물, 돌아오지 못한 사람들: 로힝야 학살 보고서>, 2019.2.13.
https://news.khan.co.kr/kh_storytelling/2019/rohingya/?fbclid=IwAR0vSpr28cgTPuZa1lTjqZaeCTUBThvg51FRUl3M7AETe7ZNkHGZNFD3SKo.

도망치면서 간신히 남긴 휴대폰 영상과 사진 속에는 차마 눈뜨고 보기 힘든 잔혹한 장면들이 담겨 있었다. 《경향신문》은 이 이미지 자료를 사용하여 긴 특집 기사를 내보냈다. '시청에 주의를 요합니다'라는 문구에 마음의 준비를 하고 봤지만, 갓난아이를 칼로 찌르고, 시신을 강물에 던지며, 집에 불을 지르는 장면들은 매우 충격적이었다. 그날 밤 나는 숨이 넘어가는 한 로힝야 남성의 얼굴이 눈앞에 반복해서 나타나는 꿈을 꾸었다. 나는 당연히 이 기사가 큰 파장을 일으킬 거라 생각했다. 하지만 예상과는 달리 로힝야 이슈는 한국에서 그다지 관심을 받지 못하고 수많은 기사들 사이에서 잊혀갔다. 자극적인 고통과 재난의 상황에 사람들이 익숙해진 것인지, 불안정한 경제 상황에서 자신의 안위를 걱정하느라 타인에게 관심을 두기 어렵기 때문인지, 전쟁과 사고를 둘러싼 유언비어와 가짜뉴스 속에서 자료의 신빙성을 잃었기 때문인지 명확한 이유는 알 수 없다. 아마 그것들 모두 이유가 될 수도 있을 것이다.
더욱 충격적인 것은 기사에 달린 많은 댓글들이었다. 그들은 영국이 미얀마를 점령할 당시에 로힝야 사람들이 영국의 식민

통치에 부역했다는 증거를 찾으며, 로힝야들이 이렇게 된 것은 가해자로서 받아도 되는 처벌이라는 식으로 말하고 있었다. 한국과 일본의 관계를 투영해 로힝야 사태를 받아들이며, 피해자와 가해자 구도로 '학살'을 정당화하는 논리가 곳곳에서 나타났다. 우리는 역사 속에서 아무것도 배우지 못한 것일까? 얼마 전 팔레스타인 난민 정착촌이 계획적으로 파괴되고 있는 상황에서도, 누가 공격했는가에 대한 이스라엘의 가짜뉴스는 그들이 발사한 미사일보다 더 강한 무기로 작용했다. 한국에서 이스라엘 연대를 외치는 시민과 팔레스타인 연대를 외치는 시민이 대립하기 시작했던 것이다.
자료의 가치와 신뢰도, 그리고 사실관계를 바르게 판단하는 것은 중요하다. 하지만 무엇보다 계획적인 학살 아래에서 죽어가는 사람들의 긴급함을 먼저 알아채야 하는 것 아닐까? 모든 것을 떠나서, 제노사이드라는 반복되어서는 안 될 역사를 인정해서는 안 되는 것 아닌가? 전쟁 성폭력은 어떤 이유로도 옹호할 수 없는 것 아닌가? 죽어도 되는 생명이 있다는 말 앞에서 반대의 목소리를 강하게 내야 하는 것 아닌가? 우리가 함께 고민해야 할 근본적인 문제들이 믿기 힘든 현실 앞에서 심연으로 가라앉고 있었다.
사단법인 아디(ADI, Asian Dignity Initiative)의 김기남

인권변호사는 로힝야 피해자들의 증언을 아카이브하며, 2017년 8월 25일 이후 간신히 살아남아 국경을 넘어 난민이 된 로힝야 여성들을 "100만 명의 야스민과 파티마" 라고 언급한다. 이때 야스민과 파티마라는 가명은 로힝야 난민 여성들이 드러내고 싶어 하지 않는 피해자성을 보호해주는 100만 명의 침묵이자, 셀 수 없이 많은 아픔과 고통의 얼굴들이 그 이름 뒤에 존재한다는 것을 상기시키는 100만 명의 합창과도 같다.

> 김기남 사단법인 아디 변호사, "[기고] 제노사이드의 피해생존자 로힝야 변론", 《여성신문》, 2020.6.19. https://www.womennews.co.kr/news/articleView.html?idxno=200080.

미얀마 내에서 가장 힘없는 소수민족을 향해 60년 동안 서서히 진행된 제도적인 차별과 배제는 2017년 8월 25일을 기점으로 이처럼 극단적인 폭력 사태로 폭발했다. 여성, 아이, 노인과 장애인은 약자라는 이유로 특별히 학살에서 제외되지 않았다. 오히려 가장 약한 자들이기에 더 쉬운 공격의 대상이 되었고, 살아남은 대부분의 이들에게 지울 수 없는 끔찍한 기억과 상처를 남겼다. 로힝야는 무슬림을 종교로 하며 여성에게 엄격한 문화를 가지고 있다. 미얀마에서 살던 때에도 로힝야 여성들은 말과 행동을 제약당하는 환경에서 오랫동안 지내왔다. 하지만 그나마 로힝야 커뮤니티라는 울타리 안에서 안전하게 유지되던 삶이, 캠프에서 생활하며 더 폐쇄적으로 변하게 되었다.

난민 캠프에서 살아가는 여성들은 학살 현장에서 가족과 친구를 잃은 경험에 따른 심리적 고통과 신체적 고통을 매일 겪고 있으며, 가족이라는 울타리가 사라진 이들은 사회적 고립과 생계 곤란의 어려움 속에 놓여 있다. 또한 운 좋게 남편과 함께 살아남은 여성들도 장기화되는 캠프 생활 속에서 젠더 기반 폭력 및 사회적 차별에 지속적으로 노출되어 있다. 홍수와 태풍에 취약한 셸터와 물과 식량이 부족한 환경에서 보수적인 로힝야의 규율은 여성들이 화장실을 가거나 목욕을 하거나 집 밖을 나서는 등의 모든 일상을 옭아맨다. 많은 로힝야 여성들이 지금도 캠프의 좁은 셸터 안에 발이 묶여 있으며 깊은 어둠 속에 겹겹이 갇혀 있다.

난민 캠프에 남겨진 대다수는 여성, 노인, 아이, 장애인 등 상대적으로 내전과 분쟁, 폭력에 더욱 취약한 몸을 가진 존재들이다. 현재 방글라데시 로힝야 난민 캠프에는 약 100만 명의 로힝야가 거주하고 있고 그중 52%가 여성이다(UNHCR, 2023). 캠프에서 가정 내의 노인이나 아이를 돌보는 일도 주로 여성의 몫이고, 요리나 빨래, 청소 등 집안일 또한 여성의 몫이기에 로힝야 여성들은 가정이라는 좁은 공간 바깥에서 타인과 접촉하고 교류할 기회가 거의 없다. 남성 가장이 있는

경우에, 여성들은 집 바깥에서 하는 어떤 활동이든 다 허락을
받아야 하고 심각한 가정 폭력에 노출된 여성들도 많다.
캠프에서는 남성들이 통제력을 행사할 대상을 찾을 수 없으니,
여성에게 그 힘을 사용하기 때문이다.
학살 이후 피난의 과정에서 남성 가장이 죽은 경우에도 여성
혼자 가족을 책임져야 하는 생계의 어려움 속에서 식량이나
물품을 대가로 성관계를 요구받는 등 외부의 위협과 폭력에
노출되어 있기는 마찬가지이다. 한 예로 로힝야 여성들 중에서는
글을 읽고 쓰지 못하는 비율이 매우 높기 때문에 NGO 단체의
배급품을 받을 때 자신의 이름으로 서명할 수 없어서 이를
대신 이웃 남성에게 부탁하고 부당한 요구를 받는 경우가
많다. 사단법인 아디는 팔레스타인, 방글라데시, 베트남,
미얀마 등 분쟁과 인권 침해가 있는 아시아의 현장을 찾아
피해의 조사·연구·기록을 담당하고 당사자 옹호 활동을 하는
단체이다. 특히 여성과 아동이 존중받을 수 있는 삶을 위한
활동과 커뮤니티 회복을 위한 심리·사회적 지원에 집중하기에,
2016년부터 로힝야 난민 캠프에서 현장 조사를 하며 그
안에서도 여성 난민들의 회복에 초점을 맞춰 활동해왔다.
방글라데시 콕스바자르 캠프 14 안에 위치한 여성 힐링센터
'샨티카나(평화의 집)'는 캠프 안에서 여성들이 겪는 다중적인

어려움을 해결하기 위해 만들어진 곳이다. 아디가 방글라데시 현지 단체들과 함께 수년간 노력해 구축해놓은 이곳은 캠프 안에서 상대적으로 취약한 상황 속에 놓인 여성들이 심리회복 프로그램, 문해교육, 생계교육을 통해 스스로 살아갈 힘을 기르고, 더 나아가 커뮤니티의 리더로 성장하도록 돕는다. 궁극적으로는 캠프 안의 여성들이 또 다른 캠프 안의 여성을 돌볼 수 있는 관계를 구축하는 작은 사회를 만들어간다. 보수적이고 다소 폐쇄적인 로힝야 문화권 속에서 외부와 단절된 관계를 넘어 이웃 여성들과 유대관계를 쌓으며 정신적 성장과 회복을 통해 자신의 한계 너머로 걸어나가는 여성들에게 샨티카나는 기꺼이 함께 춤출 수 있는, 또 다른 집과 같다. 샨티카나에서는 로힝야와 수용공동체 여성들에게 심리지원단 양성 교육을 해왔다. 한국에서 적극적으로 도움을 준 심리사회지원 전문 단체 '사람들에게 평화를 심리사회지원 교육원'과의 협업으로 성폭력과 학살의 트라우마로부터 안정적인 심리 상태로 회복될 수 있는 워크숍을 구상하고 이를 여성들에게 교육했다. 교육을 받은 여성들은 자신의 마음과 몸을 회복하는 것에 그치지 않고 자신이 경험한 것을 다른 여성들에게 나누어줄 수 있는 심리지원 활동가로 성장해나간다. 특히 샨티카나는 다른 NGO 단체들이 만든 여성 커뮤니티 센터와는 다르게 로힝야 난민 여성들이 자조적으로 이끌어가고 있다는 점이 특별하다. 난민 여성들이 외부의 도움에 의존하는 것이 아니라 공동체 내에서의 자립을 이루어낼 수 있는 방향을 지향하는 것이다. 이는 결국 여성들의 '회복 탄력성'을 높이는 과정이다. 회복 탄력성이란, 위험이나 위기, 긴장 상황에서 이를 극복하고 적응적인 상태로 다시 돌아오는 능력을 말한다. 언제 끝날지 모를 난민 캠프에서의 생활이지만 여성들은 이곳에서 이전보다 더 강한 몸과 마음을 만들어가고 있다. 난민이 되면서 많은 것을 잃었지만, 아이러니하게도 전쟁과 재난은 긴 시간 동안 변하지 않던 삶에 급격한 변화를 가져오기도 한 것이다. 시간을 반으로 접어서 미래에 도달하는 구멍을 통과하듯, 난민 캠프는 로힝야 여성들이 살던 까마득한 과거의 세계를 깨뜨렸지만 대신 새로운 변화의 기회 역시 만들어가는 중이다. 로힝야 여성들은 보수적인 환경에서 자랐기에 큰 소리를 내는 행위가 금지되는데, 이를 고려하여 샨티카나에서는 박수를 칠 때 박수 몸짓으로 대신한다. 손바닥을 부딪히지 않고 스쳐지나가게 하는 동작이 그것이다. 샨티카나를 떠올릴 때면 새의 날갯짓과 같은 손 모양으로 바람을 일으키며 우리를 환대해주던 여성들의 일렁이는 몸짓이 생각난다. 그곳에는 난민 캠프에서 마음의 집을 찾아가는 놀라운 이야기가 파도처럼 일렁이고 있었다.

이 책은 1부 샨티카나가 만든 이야기와 2부 샨티카나를 만든 이야기로 이루어져 있다.
1부는 2023년 4월, 샨티카나를 방문했던 전솔비와 오로민경의 시선에서 그곳의 현재를 담는다. 2020년부터 샨티카나의 이야기를 들어왔던 두 사람은 이미지를 만들고 텍스트를 만지는 제작자의 관점에서, 그리고 방문객의 시선에서 캠프를 감각하고 그 기록을 충실히 책에 담고자 했다. 로힝야 여성들이 회복되는 이야기, 샨티카나의 이야기를 듣고 그곳에 직접 가본 경험 속에서 우리 또한 치유받았다고 느끼기 때문이다. 두 사람은 분석과 예술 작업의 대상으로서 난민 캠프와 난민이라는 주제를 살피는 것이 아니라, 사람을 살리는 예술에 대한 고민 속에서 리서치의 여정을 이어왔다. 현장에서, 그리고 진행 중인 사건 속에서 예술 작업이 무엇을 할 수 있을까, 상호돌봄의 관점에서 우리에게 왜 이 주제가 필요했을까 하는 고민들이 책의 곳곳에 담겨 있다. 난민 캠프 안에서 정원을 가꾸는 손, 캠프를 운영하기 위해 왕복 세 시간 동안 비포장 도로를 출퇴근하는 사람들의 손, 연필을 꼭 쥐고 난생처음 글씨를 따라 쓰는 로힝야 여성들의 손을 보며, 무언가를 만들고 다듬고 돌보는 마음에 대해, 이를 통해 작업하는 마음에 대해 사유한 우리의 이야기 또한 남기고자 한다. 캠프 일지를 쓴 이의 눈을 통해 캠프를 돌아보고, 샨티카나에

입장하고, 워크숍에 참여하고, 정원을 거닐고, 문해교육을
참관하면서, 샨티카나가 만든 이야기를 읽어보길 권한다.

2부에서는 평화의 집 샨티카나가 어떻게 만들어졌고 현재는
어떻게 운영되고 있으며 지금 여성들이 이곳에서 어떤 미래를
꿈꾸며 삶의 활기를 되찾아가고 있는지 마주할 수 있다. 아주
오래전 흙먼지만 날리던 캠프에 여성들의 공간을 마련하고,
글을 배우고 마음을 치유할 수 있는 공간을 구상했던 별빛의
고민들이 샨티카나가 어떻게 지금의 모습이 될 수 있었는지
알려준다. 샨티카나 여성들의 이야기를 대중과 나누기 위해 만든
아디의 인스타그램 계정에 비바가 쓰는 글들은 샨티카나의 일상
속에서 로힝야 여성들이 무엇을 보고 느끼며 꿈꾸고 있는지
생생하게 전한다. 또한 오랜 시간 동안 로힝야 이슈를 취재해온
국제 분쟁 전문 기자 이유경의 글은 우리에게 여전히 낯설지
모를 '로힝야'라는 이름 뒤에 감춰진 여러 중요한 사실들을
힘있게 전달한다.
1부와 2부 사이에는 오로민경의 이미지 작업이 담겨 있다.
우리는 당신이 이 책의 첫 페이지를 여는 순간, 그리고 마지막
페이지를 닫는 순간을 기대한다. 손이 페이지를 넘기는 시간
동안 서로를 연결하는 스펙트럼으로서 어두움과 밝음의 표현을

담아보고자 한다. 마음의 어두움, 피부색의 어두움, 폐쇄적인 텐트(셸터)의 어두움, 캠프 바깥의 밝은 거리, 상대적으로 밝은 피부색, 회복하는 마음, 아늑한 방의 어두움, 편안한 밤의 어두움…. 삶과 죽음의 이면을 모두 담아내는 상징적인 이미지를 빛과 그림자로 표현한다. 우리가 캠프에서 주로 촬영한 이미지들 또한 그림자와 빛의 장면들이었다. 빛이 사라졌다가 다시 생기고, 밤과 낮이 교차되고, 달의 모양이 바뀌듯, 트라우마적 기억과 아픈 몸, 그리고 난민이라는 상태 또한 영원하지 않으며, 관찰자·전달자·관객으로서의 '독자'의 자리 또한 고정되는 것이 아님을 '빛과 그림자', '어두움과 밝음', '흑과 백'의 드로잉과 책에 담긴 사진 이미지를 통해 은유적으로 전달한다. 이 책을 통해 샨티카나를 만든 사람들, 샨티카나에서 살아가는 사람들, 샨티카나를 다녀온 사람들이 만나고 있다.

이 책에 등장하는 여러 인물들은 제노사이드에 대한 강력한 규탄과 국제적인 난민 사태에 대한 근본적인 해결이 시급히 필요하다는 분명한 정치적 목소리를 내며 각자의 자리에서 활동해왔다. 오랫동안 로힝야라는 소외된 국제분쟁 이슈를 취재해온 사람, 난민 캠프에 로힝야 여성 난민들을 위한 공간을 구축하기 위해 한국과 방글라데시를 수없이 오간 사람, 트라우마

치유법을 만들고 이를 난민 여성에게 교육하며 캠프에 머물렀던 사람, 자신이 배운 심리 치유 방법을 이웃 여성에게 가르쳐주고 난민 텐트의 어둠으로부터 그녀들을 일으켜낸 사람 등. 이들은 타인의 고통에 가까워질 때 비로소 행복이 찾아왔다고 입을 모아 이야기한다. 누군가를 돕고 있다고 생각하던 시간이 알고 보니 자신이 도움과 환대를 받아온 시간이었다는 걸 깨닫게 되었다고 말한다. 내가 받은 것이 무엇이었는지 돌아보니 그것은 다시 살아가는 힘이자, 함께 살고 싶은 마음, 서로의 얼굴에서 마주한 자신의 기쁨이었다고 말한다.
우리는 더 나은 이야기가 누군가를 구원할 수 있다고 믿는다. 그렇다면 이들이 말하는 날카로운 기쁨, 즉 기쁨과 슬픔을 순환시키는 폐허의 공동체가 만드는 생동감을 어떻게 나눌 수 있을까. 두려워하지 않고 새로운 것을 배우며 자신이 경험한 회복을 이웃 여성들과 나누는 강인한 힘을 지닌 여성들의 이야기가 여기에 있다. 이 이야기가 우리를 치유했고, 이제 당신을 만날 차례이다.

2024년 봄, 필진들을 대신하여 전솔비 씀

방글라데시 콕스바자르: 로힝야 난민 인구
2023년 9월 30일 기준

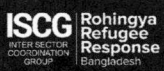

ISCG INTER SECTOR COORDINATION GROUP | Rohingya Refugee Response Bangladesh

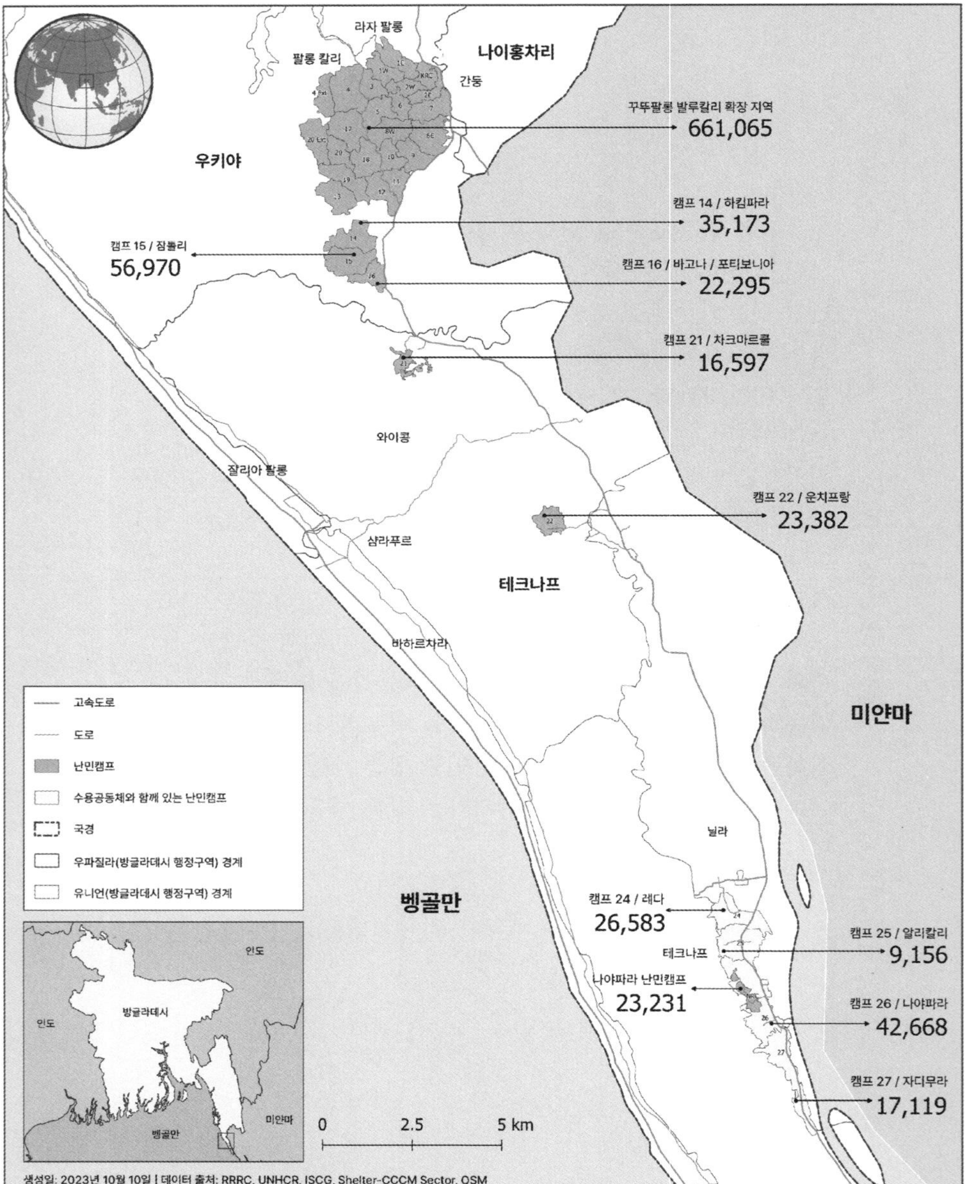
라자 팔롱
팔롱 칼리
나이홍차리
간둥
우키야
꾸뚜팔롱 발루칼리 확장 지역
661,065
캠프 14 / 하킴파라
35,173
캠프 15 / 잠톨리
56,970
캠프 16 / 바고나 / 포티보니아
22,295
캠프 21 / 차크마르쿨
16,597
와이콩
잘리아 팔롱
캠프 22 / 운치프랑
23,382
샴라푸르
테크나프
바하르차라
미얀마
고속도로
도로
난민캠프
수용공동체와 함께 있는 난민캠프
국경
우파질라(방글라데시 행정구역) 경계
유니언(방글라데시 행정구역) 경계
닐라
벵골만
캠프 24 / 레다
26,583
테크나프
캠프 25 / 알리칼리
9,156
나야파라 난민캠프
23,231
캠프 26 / 나야파라
42,668
캠프 27 / 자디무라
17,119
인도
방글라데시
인도
미얀마
벵골만
0
2.5
5 km

생성일: 2023년 10월 10일 | 데이터 출처: RRRC, UNHCR, ISCG, Shelter-CCCM Sector, OSM
이 지도에 표시 및 사용된 경계와 명칭은 유엔의 공식적인 승인이나 허가를 의미하지 않습니다.

1
샨티카나가 만든 이야기

전솔비

방글라데시   난민 캠프 일지
콕스바자르

2023. 4. 28.

방글라데시 콕스바자르로 떠나는 우리의 여정은 김포공항에 배웅 나온 한톨과 그의 반려견 여름이의 얼굴로 시작한다. 항상 우리에게 콕스바자르 난민 캠프에 직접 가볼 것을 권했던 한톨은 나와 오로가 정말 그곳에 가볼 수 있게 되자 배웅을 하고 싶다며 고맙게도 공항까지 찾아왔다. 그는 우리에게 자신이 여러 번 캠프를 오가며 습득한 그곳의 생활 정보, 유용한 지리 정보와 언어 정보들을 문서로 만들어 공유해주었다. 교통 수단마다 구간별 이동 경비가 얼마인지, 야채별로 한 묶음 가격이 얼마인지, 기본적인 인사말은 어떤 게 있는지, 숫자는 어떻게 생겼는지 등등. 처음 가보는 낯선 나라에서 조금이라도 헤매지 않도록 도움을 주려는, 먼저 다녀온 이의 마음이 촘촘한 글자들 사이로 전해졌다.

점심을 함께 먹으며 이런저런 이야기가 길어지자 여름이는 지루한지 우리 주변에 앉은 한 무리의 소녀들을 향해 다가가 앉았다. 가만히 갈색 털을 쓰다듬는 소녀의 손과 그 손길을 부드럽게 느끼며 먼 곳을 응시하는 작은 개의 뒷모습을 번갈아 바라보며 오랫동안 기억하고 싶은 따뜻한 배웅의 풍경이라고 생각했다.

아쉬운 마음을 뒤로한 채 비행기에 탑승하러 가는 길, 돌아보니 한톨이 나와 오로의 뒷모습을 향해 카메라를 들고 서 있다. 한톨의 눈에 비친 우리의 마지막 표정은 어땠을까. 우리는 어떤 모습으로 헤어졌을까. 탑승구로 들어간 이후에도 한톨은 그간의 걸음들이 우리를 그곳으로 보냈다는 걸 다시 한번 확인시켜주는 따뜻한 말들을 보내주었다. 수년간 한국과 방글라데시 난민 캠프를 오가며 많은 깨달음을 얻은 이와의 짧은 만남과 헤어짐으로 이 여행을 시작했다는 것이 든든하다. 이미 수년 전부터 그들을 만나온 누군가가 다져둔 땅을 발자국 하나하나 되밟아가는 기분이라 왠지 모르게 안심이 된다.

김포공항에서 출발한 우리는 이제 방콕을 경유해 방글라데시의 수도 다카에 도착한 후 국내선을 타고 콕스바자르로 들어갈 것이다. 대략 다섯 시간 정도의 비행 동안 오로와 나는 캠프에서 우리가 만날 사람들, 볼 것들, 그리고 가지고 오고 싶은 기억들에 대해 이야기했다.

가끔 다른 생각을 하고 싶을 때면 이 여행에 챙겨 온 유일한 책인 독일 작가 W. G. 제발트의 『아우슈터리츠』를 펼쳤다. 기억을 찾아서 과거를 되짚어가는 내용 때문인지, 아우슈비츠의 잔상이 로힝야 제노사이드와 겹쳤기 때문인지, 어지럽고 흐릿한 여행자의 시점 때문인지 모르지만 이 책을 꼭 가져가고 싶었다.

그리고 이 책의 페이지 사이에는 로힝야 난민 캠프에서 그곳의 여성들과 함께 볼 한국의 봄꽃, 분홍색·빨간색·하얀색의 말린 철쭉이 끼워져 있다. 캠프는 길고 긴 여름과 태풍이 찾아오는 우기가 교차하는 날씨이기에 봄, 가을, 겨울이 없다고 들었다. 봄을 가져갈 수는 없지만 봄의 흔적을 나누고 싶다. 향기를 캠프까지 가져갈 수 있을까 싶어 책을 펼쳤다 덮을 때마다 꾹 눌렀다.

거의 자정이 넘은 시각이 되어서야 우리는 방콕 공항에 도착했다. 방콕은 관광지답게 한밤중에도 사람들로 붐비고 거리에 불이 환하게 켜져 있었다. 호텔까지 차로 이동해서 체크인을 한 뒤에 바로 씻고 잠들었다. 김포공항에서 캐리어를 다카로 바로 보낸 걸 깜빡하고 세면 도구와 여벌 옷을 따로 챙기지 못해서, 옷을 갈아입지 못한 채 자야 했다. 에어컨이 잘 나오지 않는 호텔 방에서 긴소매와 긴바지를 입은 채 더위에 잠을 설치며 그렇게 캠프로 향하는 여정의 첫날이 지나갔다.

2023. 4. 29.

다음 날 아침, 눈을 뜨자마자 오로와 함께 호텔 옆 카페테리아에서 힘없이 빵과 과일을 씹어 삼켰다. 하루 만에 급격히 피곤해진 서로의 얼굴을 쳐다보는데 웃음이 나온다. 서둘러 짐을 챙겨 차를 타고 방콕 공항으로 향했다. 온갖 관광객이 뒤섞인 로비를 지나 방글라데시 다카로 향하는 탑승구에 가까워질수록, 피부색이 진한 사람들이 많이 보이기 시작했다. 히잡을 쓴 여성들, 방글라데시어로 추정되는 목소리들 속에서 우리의 목적지가 가까워져감을 느꼈다. 두 시간 반 남짓 비행기를 타고 다카에 도착하자마자 곧바로 국내선으로 환승을 하러 갔다. 이리저리 인파에 밀려 겨우 도착해 2시 10분 정도에 체크인을 했는데 우리가 타야 할 비행기는

4시 30분 출발이었다. 기다리려고 벤치에 앉자마자 항공사 직원이 우리에게 다가와 2시 20분 출발 비행기를 타겠냐고 물어 왔다. 얼떨떨하게 그러겠다고 했고, 급하게 이동이 시작되었다. 탑승구에서 차를 타고 작은 비행기 앞에 내려 이륙하기까지 대략 십 분 정도 걸린 것 같다. 비행기 안에는 우리를 포함해 대략 열 명 남짓의 사람들이 있었다. 한 시간 정도 흘렀을까. 창밖으로 탁한 하늘 아래 소도시의 풍경이 눈에 들어왔다. 드디어 콕스바자르였다. 비행기에서 내리자 체감되는 온도는 꽤 높았지만 습도가 높지 않아 오히려 방콕보다 쾌적하게 느껴졌다.

공항 출구 철문 밖에는 현지 파견 활동가 비바가 마중을 나와 있었다. 오랜 여정 끝에 만난 비바의 얼굴이 너무나 반가웠다. 비바와 함께 현지의 대표적 이동 수단인 톰톰을 타고 숙소로 향했다. 사방이 뚫린 톰톰도 처음 타보는 데다, 개, 소, 염소, 고양이, 그리고 다양한 교통 수단들이 어우러져 도로를 지나가는 풍경이 흥미로웠다.

바람에서 특유의 냄새가 났다. 그것이 바닷가의 짭조롬한 냄새와 길거리의 소, 염소, 닭의 배설물 냄새, 그리고 쓰레기와 매연 냄새 등이 섞인 것이라는 사실은 나중에야 알게 되었다.

나와 오로가 방글라데시 일정 동안 머무르게 될 숙소는 오션 프렌드라는 이름의 레지던시형 호텔이었다. 로비에는 유쾌해 보이는 남성들 여럿이 수다를 떨고 있었고 우리가 도착하자 반갑게 인사해주었다. 비바는 이곳에 수개월째 살고 있기에 그들과 이미 서로 "브로!" 를 외치는 익숙한 사이였고, 우리가 비바의 친구들이라고 소개하니 그들은 "헬로", "안녕", "안녕하세요" 하면서 인사를 건넸다.

지친 몸을 이끌고 엘리베이터를 타고 방에 들어왔다. 침대와 작은 소파가 있는 큰방 겸 거실, 그리고 침대와 작은 책상과 옷장이 있는 작은방, 씻을 수 있는 화장실, 부엌이 있는 베란다로 이루어진 구조였다. 베란다로 나가면 유리문 없이 창이 뚫려 있어서 길가의 여러 소리들이 잘 들어왔다. 씻고 옷을 갈아입으려는데 우리가 한국에서 가져온 옷들은 너무 짧거나 너무 두껍다는 걸 뒤늦게 깨달았다. 이곳 문화는 보수적이어서 여성들은 반바지나 나시티를 입지 않으며 발목까지 가리는 것이 관행이었다. 결국 이곳에 머무르는 동안 나와 오로는 비바가 갖고 있는 현지 옷들을 돌려가며 입게 되었다.

셋이 식당에서 저녁을 먹은 뒤 툭툭을 타고 시장에 갔다. 과일 가게에서 내일 먹을 망고, 사과, 배를 사는데 허름해보이는 옷차림의 할머니가 불쑥 손을 내밀며 무언가를 요구한다. 당황했지만 비바는 익숙한 듯이 이것이 불법 산업의 일부일 수도 있으니 돈을 주는 것보다는 먹을 것을 나누는 편이 좋겠다고 의견을 주었다. 과일을 주었지만 그녀는 받지 않았다. 이곳은 워낙 빈부 격차가 크고 빈민들이 많아서 구걸하는 상황을 쉽게 볼 수 있다고 비바가 알려주었다. 이제부터 몇 주간 익숙해져야 하는 풍경인데 아직은 낯설고 당황스럽다.

낯선 풍경은 그 후에도 계속 이어졌다. 시장에서 빽빽하고 냄새 나는 좁은 닭장에 갇힌 채 울고 있는 닭들이 보였고, 길에 수북이 쌓인 쓰레기들과 오수 속에서 먹이를 주워먹는 병아리들도 보였다. 피부병에 걸린 개들, 슈퍼에서 계산하고 돌아서면 손을 내밀며 무언가를 달라고 하는 아이들의 얼굴까지. 도움을 주어야 하는 존재들이 너무나 많아서 결국 아무것도 하지 못하는 그런 무력한 느낌이었다. 하지만 그와 동시에, 사람들은 모두 따뜻하면서도 각자의 삶에 충실한 모습이었고, 인자한 얼굴들 속에서 강한 생명만 살아남을 수 있는 서늘한 도시의 풍경도 교차되고 있었다. 그런 어두운 밤길을 걸어 숙소로 돌아왔다. 더워서 천장에 달린 실링팬을 켜놓고 잠들었는데 회전하는 소리가 시끄러울까 걱정했지만 금세 기절하듯 잠들었다.

2023. 4. 30.

새소리에 눈을 뜨니 아침 7시이다. 이제 이곳에서 콕스바자르 시내의 사무실과 시 외곽의 난민 캠프를 오가며 출퇴근하는 비바의 시간에 맞춰 생활할 예정이다. 아침으로 오트밀죽과 어제 사 온 과일들을 든든히 먹은 후 톰톰을 타고 십 분 거리의 현지 프로젝트 사무실로 이동했다. 골목을 가로지르는 도로는 흙바닥이라 매우 울퉁불퉁했다. 수시로 행인, 소, 개, 닭, 염소가 길을 가로막아서 톰톰은 아주 느리게 갔는데 거의 걸어가는 속도랑 같을 정도였다. 하지만 천천히 간 덕분에 주변 풍경을 가까이에서 파악할 수 있었다.

해변 휴양 도시로 유명한 콕스바자르는 방글라데시의 잘 알려진 관광지답게 교통이 굉장히 번잡했다. 사람들도 많고 길에는 쓰레기통이 없어서 사방에 쓰레기가 낙엽처럼 쌓여 있고 길에 노출된 하수구에서는 오물이 흐르고 있었다. 소똥 냄새와 쓰레기 태우는 냄새가 섞인 거리 양쪽에는 고급 호텔과 움막이 나란히 마주 보고 있다. 쓰러지는 건물과 세워지는 건물이 뒤섞여 있다. 급격하게 개발되고 있는 도시라서 건물을 여러 채 가진 부동산 부자도 많지만 곳곳에서 구걸하는 아이, 노인도 쉽게 볼 수 있다.

공사 중인 건물이 많아서 콕스바자르에서 지내는 동안 언제나 여기저기서 공사 소음이 들렸다. 이곳은 가정폭력 신고 빈도수가 높고 여성들에게 제약이 많은 가부장적이고 보수적인 문화였지만, 급격하게 관광지화·도시화가 이루어지면서 최근 많은 것들이 변화하고 여성 인권도 신장되고 있는 격동의 장소이다. 콕스바자르라는 도시가 급격히 개발되고 있기 때문이기도 하지만, 난민 캠프가 생기면서 세계 각국의 NGO 단체들이 들어오고 문화와 사고방식이 바뀌는 분위기 속에서 여성들의 삶도 변화하고 있는 것이다.

사무실이 위치한 곳은 NGO 단체들이 모여 있는 거리였다. 마침 정전이라 엘리베이터가 작동하지 않아서 6층까지 걸어 올라갔는데 이곳에서는 일상인 듯 누구도 놀라지 않았다. 더워서 늘 선풍기를 돌리는 등 전기 소비량이 많아서, 이곳에 머무르는 동안 하루에도 열 번 이상씩 정전이 지속되었다. 저녁을 먹다가 갑자기 불이 꺼져서 어둠 속에서 반찬을 찾아 입에 넣기도 하고, 가장 더울 시간에 에어컨과 선풍기가 꺼져서 부채질로 버티며 전기가 들어오길 기다리기도 하고, 엘리베이터가 멈출까봐 걱정되어서 가끔은 일부러 계단으로 오르내리기도 했다. 하지만 보통 5~10분 이내에 다시 전기가 들어오곤 해서 점차 이런 상황들은 놀랍지 않은 일상이 되어갔다.

계단을 오르고 또 오르자 현지 프로젝트 간판이 달린 문이 두 개 보였다. 각각 RWWS와 MAISHA의 프로젝트 사무실이라고 적혀 있었다. 콕스바자르 난민 캠프 현지에서 아디(ADI)와 프로젝트를 같이 실행하는 단체들이다. 비바와 함께 일하는 난민 지원 단체의 방글라데시 현지 직원들은 거의 매일 아침 7시에 시내에서 출발해 한 시간 반 거리의 캠프로 출근한다. 그리고 3시에 캠프의 일정이 끝나면 다시 한 시간 넘게 달려 시내로 돌아와 사무실에서 남은 일을 하고 퇴근한다고 한다. 비바도 이곳에서 방글라데시 현지 활동가들과 함께 난민 캠프로 출퇴근하며 일하고 있었다. 사무실을 둘러보는데 곳곳에서 한톨의 손길이 보였다. 벽에 붙은 그림, 창문에 붙은 무지개 자수도 한톨의 손길이었다.

통성명을 하는데 이곳에서는 자신의 이름을 소개하며 뜻을 함께 설명하는 것 같았다. 믿음, 좋은 친구, 지니아라는 꽃의 이름까지 세 가지 의미를 가진 지니아와, 빛과 함께 루미라는 꽃의 이름을 의미하는 루미와 인사를 나누었다. 나의 이름도 소개했다. "소나무 숲에 내리는 비라는 뜻입니다."

오로가 카메라를 들고 사진을 찍어도 되냐고 하자 지니아와 루미가 서둘러 립스틱을 바르는 모습이 귀여웠다. 스태프들이 모두 친절하고 따뜻해서 마음이 놓였다.

인사를 나눈 뒤 다시 사무실을 나와 툼툼을 타고 RRRC(Refugee Relief and Repatriation Commision, 난민 구호 및 송환 위원회)에 갔다. 우리의 목적지인 난민 캠프를 출입하려면 그곳에서 캠프 패스라는 걸 발급받아야 하기 때문이다. 이곳은 1991년 방글라데시에 난민이 들어오기 시작할 때 세워진 기관이다. 나무마다 망고가 먹음직스럽게 주렁주렁 열려 있는 아름다운 정원을 지나 건물 안으로 들어갔다. 실내는 바깥과는 다르게 추울 정도로 시원했고 향수처럼 진한 방향제 향이 복도에 가득했다.

방글라데시는 위계 질서가 엄격하다고 들었는데, 캠프 패스를 발급받기 위해 여러 방을 거쳐가다 보니 실제로 높은 직급자의 방일수록 더 시원하다는 것을 확인할 수 있었다. 대부분의 직원이 남성이었는데 비바에게 물어보니 낮은 직급의 직원들 중에는 여성이 거의 없지만 고위직에는 여성들이 종종 보인다고 했다. 이곳에서도 캠프 패스 최종 컨펌자는 여성이었다. 캠프 패스 발급은 시간이 얼마나 걸릴지 장담할 수가 없는데 운 좋게도 우리는 빨리 발급받았다. 아마 같이 간 행정 담당자 조이르와 캠프 패스 발급 관계자가 동네 친구 사이여서인 듯싶었다. 방글라데시에서는 될 것 같은 일도 안 되고 안 될 것 같은 일도 된다고들 말한다. 사람이 중요하고 관계가 중요한 곳이라서 그렇다. 더운 날씨 탓에 일처리가 느긋한 분위기인 것도 한몫한다.

방글라데시어가 빠르게 오가고 내가 알아듣지 못하는 대화 사이로 누군가 놓고 나간 신문이 보였다. 첫 페이지에 철도 사진이 보였다. 휘어진 철로 위에 사람들이 열을 지어 걸어가는 모습이었다. 얼마 전에 고온으로 철로가 휘어서 열차가 탈선해 많은 사람들이 죽었다는 내용이라고 직원이 알려주었다. 분홍색 종이에 우리의 신상 정보를 적고 캠프 패스를 받아 나오니 그제야 긴장이 풀렸는지 방향제와 에어컨 바람으로 인한 두통이 밀려왔다.

이제 점심을 먹으러 다시 톰톰을 타고 이동했다. 현지식이 아닌 외국 음식을 파는 곳에 갔는데 에어컨이 잘 나오고 서빙하는 종업원들이 열을 지어 대기하는 곳이었다. 이런 곳은 한국 물가와 거의 비슷하다. 두통약을 먹고 잠시 휴식을 취한 뒤 다시 사무실로 돌아가니 자말이라는 스태프가 와 있었다. 자말은 마르고 부드러운 인상의 남성이었는데 섬세하고 친절하게 우리를 환대해주었다.

이어서 다 같이 캠프 일정을 점검하는 회의를 했다. 중요한 안건은 캠프에서 디지털 장비가 규제되기 때문에 조심해야 할 것들에 대한 안내였다.

아쉽게도 카메라 촬영 허가가 늦게 떨어질 예정이라 당분간은 캠프 일대에서 사용을 조심하라고 했다.
회의가 끝나고 저녁 회식을 기약하며 직원들은 일단 모두 집으로 퇴근했다. 이곳은 아침을 간단히 먹고 점심은 2시쯤 먹고 간단한 스낵을 5~6시에 먹고 저녁을 10~11시에 먹는다. 늦게 먹고 늦게 자는 문화라서 밤 시간에도 거리가 굉장히 시끄럽다. 저녁 회식 장소로 이동하는데 여전히 길을 걸으면 사람들이 대놓고 신기한 듯 쳐다보는 게 느껴졌다. 동아시아인을 보기 힘든 지역이기도 하지만 비바 말로는 우리가 미얀마 사람이나 방글라데시에서 차별받는 소수민족과 비슷하게 생겨서 긴가민가하는 거라고 했다. 내가 방글라데시가 신기한 만큼 이곳에 사는 사람들도 우리가 신기한 상황이었다.
방글라데시 현지 전통 음식점에서는 매운 음식이 대부분이고 시차 탓에 너무 졸려서 음식을 거의 먹지 못했다. 비몽사몽인 와중에 여기 직원들끼리 주고받는 농담이 들려왔다. 서로 "다음엔 너가 사, 너가 사" 하는 농담을 수시로 주고받고 있었다. 여기서는 누군가가 한턱내도록 몰아가는 장난을 좋아한다고 나중에 비바가 말해주었다.
저녁을 먹고 나와 식당 앞에서 단체 사진을 한 장 찍고 다 같이 노상 카페에서 짜(차이티)를 마셨다. 우리가 차를 마시는 동안 구걸을 하는 할머니와 남성이 계속 주위를 맴돌았다. 혼자 왔으면 경계하는 마음이 들었을 것 같은데 그래도 같이 있는 사람들 덕분에 안심이 되었다. 짜를 다 마시고 일어나니 찻집 아주머니가 등을 토닥이며 잘 들어가라고 배웅해주었다. 낯선 이가 전해주는 따뜻한 기운이 손을 통해 등에 퍼지는 게 느껴졌다. 예상치 못한, 의외의 접촉에서 위로를 받는 밤이다.

2023. 5. 1.

방글라데시 전통 악기 연주 위로 남성의 노래 소리가 구슬프다. 방글라데시 사람들은 인도로부터 영향받은 대중음악에 열광하지만 동시에 전통 민요에 대한 애정 또한 높다. 길게 내쉬면서 여러 번 꺾는 창법이 한국의 트로트와도 비슷하게 느껴진다.

아침부터 창밖에서 흥겨운 음악 소리가 시끄럽게 들려온다. 오늘은 방글라데시에서도 공휴일인 노동절이다. 사무실 일정이 없어서 여유 있게 움직일 예정이었기에 느즈막이 일어나 아침을 먹었다. 토스트와 어제 먹다 남은 과일, 오렌지 주스, 그리고 비바가 기력이 떨어질 때마다 먹는다는 말린 대추야자를 먹었다. 말린 대추와 거의 똑같이 생긴 말린 대추야자는 곶감의 식감에 캐러멜 맛이 났다. 천연 재료에서 캐러멜과 똑같은 단맛이 난다니 신기할 따름이었다.

배를 든든히 채우고 비바, 오로와 돌핀스퀘어에 가서 자말을 만났다. 돌핀스퀘어는 콕스바자르 시내의 커다란 쇼핑센터앞 광장 일대인데 일종의 만남의 광장이다. 상어와 돌고래 동상이 있어서 돌핀스퀘어라고 부르는 듯하다.

거기에서 다른 톰톰으로 갈아타고 콕스바자르 해안도로를 따라 달리기 시작했다. 혼잡한 도로 위의 경적 소리와 얼굴에 달라붙는 덥고 습한 바람, 매연과 먼지에 눈을 뜨기 힘들었지만 옆으로 펼쳐진 풍경을 눈에 담기 위해 열심히 바깥을 향해 고개를 내밀었다. 바닷가 풍경은 어느새 도로 양쪽에 집을 짓고 사는 사람들이 보이는 깊은 숲길로 바뀌었고, 잠시 후 우리의 목적지 머메이드 비치 리조트에 도착했다.

리조트는 시내에 비하면 굉장히 고급스러운 곳이었는데, 자말은 한국에서 이곳까지 먼 길을 온 우리에게 좋은 풍경과 좋은 식사를 대접하고 싶어 하는 것 같았다. 곳곳에 예술적인 조형물들이 보였고 카페와 식당, 바, 호텔, 수영장이 이어져 있었다. 비바 말로는 올 때마다 조형물과 장식이 계속 바뀌는 곳이라고 했다. 주변을 둘러보니 다들 부유해 보이는 옷차림이었다. 고급 휴양지였지만 에어컨은 없었고 야외 테이블마다 천장에서 실링팬이 돌아가며 더운 바람이 불었다.

우리는 저 멀리 바다가 보이는 자리에 앉았다. 식사를 하며 자말은 로힝야 난민 이슈가 굉장히 풀기 어려운 숙제라는 이야기를 꺼냈다. 역사적으로 오래된 숙제이기도 하지만 근래의 폭력 사태들이 만든 상처들까지 서로에게 축적되어 단번에 해결하기는 너무 어렵다고 한숨을 쉬었다. 역사적으로 복잡한 지점들이 있고 정치적으로도 쉽지 않으며 현재 상황이나 전쟁의 움직임 등 모든 것이 안 좋은 상황임을 우리 모두 잘 알고 있었다. 우리는 그렇기 때문에 더더욱 예술 프로젝트가 필요하다는 얘기도 나눴다. 느리지만 꾸준한 변화를 책이나 영화가 만들 수 있지 않을까 하는 이야기를 진지하게 들어주는 자말이 고마웠다. 희망이 보이지 않는 상황이지만 자말은 현지 단체에서 직원들과 해야 할 일을 하고 있고, 비바도 현지와 한국을 오가며 자신이 해야 할 일을 하고 있다. 나와 오로도 그런 사람들을 좇아 이곳에 왔고 우리가 해야 할 일을 할 수 있을 것이다.

식사 후엔 해안가를 산책하고 조형물들을 구경하다가 다시 톰톰을 타고 시내 가까이에 있는 해안가로 향했다. 도로는 이차선이었지만 차들은 거의 차선이 없는 것처럼 달렸다. 도로는 자전거, 오토바이, 릭샤(인력거), 톰톰, 작은 자동차, 큰 자동차 순으로 위계질서가 존재하는 공간이었다. 더 빠른 차가 더 느린 차를 끊임없이 추월했고 추월할 때마다 경적을 울리며 신호를 보냈다. 경적음은 그 혼란 속에서 질서의 수단이었고 자신이 지나가고 있다고 수시로 알리는 경적 속에서 많은 것들이 나름의 규칙으로 움직이고 있었다.

잠시 후 관광지로 유명한 콕스바자르 해변에 도착했다. 외국인이 많지 않은 곳이라 여기저기서 우리를 쳐다보는 게 느껴졌다. 세계에서 가장 긴 자연 해변이라는 명성답게 해안은 끝도 없이 펼쳐져 있었고 저 멀리 까맣

게 우글거리는 게 다 인파였다.

해안가에는 들개들이 돌아다니고 있었는데 우리에게 다가오길래 쓰다듬으려 하자 자말의 표정이 안 좋아졌다. 비바에게 물으니 이곳에서는 개를 더러운 동물로 취급하기 때문에 만지지 않는다고 했다. 오로가 쓰다듬어주자, 자신을 귀엽게 생각한다는 걸 안 개 한 마리가 꼬리를 흔들며 오로 앞에 앉았다. 갑자기 며칠 전 인천공항에서 헤어진 여름이의 갈색 등이 떠올랐다. 등을 내어준 채 뒤돌아 앉은 그림자 너머 바다에서는 빨갛게 노을이 지고 있었다.

오늘은 주로 콕스바자르의 관광객들이 갈 법한 장소들을 돌아보며 이 도시의 화려한 얼굴을 살핀 하루였다. 이곳에 머무르는 동안 다양한 장소들을 경험하게 해주려는 현지 직원과 비바의 배려가 고맙다. 관광의 시선으로만 콕스바자르에 머무르는 이들은 아마 이곳에 난민이 있는지, 그들이 어떻게 살고 있는지, 앞으로 어떻게 될지 전혀 알지 못할 것이다. 화려한 해변으로 나오지 못한 채 바다에서 불어오는 바람으로만 바다의 위치를 어림짐작하는 사람들이 어딘가에 있다. 내일 그들을 만나러 간다.

2023. 5. 2.

오늘은 난민 캠프에 들어가는 날, 로힝야 여성들과 처음으로 만나는 날이다. 비바는 오로와 나에게 로힝야 전통복을 입고 가길 권하며 옷장에서 두 벌을 꺼내주었다. 캠프에 방문하는 한국 활동가들 여럿이 이미 수차례 입고 로힝야 여성들을 만난 옷이라고 한다. 이곳을 거쳐간 수많은 이들이 입었던 옷을 입고 그들이 만났던 사람들을 만나러 간다고 생각하니 뭔가가 반복되고 있다는 느낌이다. 누군가 아주 오래전에 만든 길을 우리가 되짚어 가고 있고, 우리가 밟은 이 길은 다음에 올 다른 누군가를 위한 길이 될 것이다. 아직 울퉁불퉁할지 모르지만 부디 걷고 싶은 길이 되었으면 좋겠다고 생각한다.

준비를 마치고 호텔 로비로 내려가니 하빕이라는 이름의 운전사가 차에서 우리를 기다리고 있었다. 앞으로 콕스바자르에 머무르는 동안 우리의 다리가 되어줄 사람이다. 하빕은 영어를 하지 못해서 처음에는 대화를 많이 나누지 못했는데, 우리가 조금씩 기본적인 방글라데시어를 익혀가면서 천천히 친해졌다. 하빕은 도로 위에서 차창 밖으로 보이는 것들에 우리가 신기해할 때마다 친절하게 방글라데시어 단어로 알려주곤 했다. 가는 길에 루미와 꼬히누르 등 직원들을 집 앞에서 한 명씩 태우고 중간에 휴게소 같은 식당에서 난과 계란부침, 밀크티로 아침을 해결했다. 캠프 안에서는 일정이 빡빡하기 때문에 식사는 캠프의 안팎에서 해결하는 경우가 종종 있는 듯했다.

우리가 머무르는 콕스바자르 시내에서 난민 캠프들이 모여 있는 시 외곽 지역까지는 차로 한 시간 반 정도 걸렸는데 가는 길에 수많은 마을과 시장을 지나친다. 아침 시간의 도로는 출근하는 사람, 등교하는 학생, 놀고 있는 어린아이, 시장의 상인 등으로 활력이 넘치고 릭샤와 톰톰, 자동차들이 뒤엉켜 아슬아슬하다. 하빕은 듣던 대로 굉장히 빠르게 수많은 이동 수단들을 추월하며 달렸다. 나와 오로는 생각보다 빠른 속도와 곳곳에서 불쑥불쑥 튀어나오는 생물들을 보고 수시로 깜짝 놀라며 손잡이를 꽉 잡은 채 잔뜩 긴장해 있었다. 그런데 방글라데시 직원들은 일상이라는 듯이 편안한 표정으로 노래를 부르고 심지어 춤을 추고 있었다. 이런 출퇴근 풍경은 며칠이 지나자 우리에게도 일상이 되어갔다.

이제 창밖으로 이어지던 숲과 경작지, 논밭, 시장과 마을의 풍경이 철조망으로 둘러싸인 난민 캠프로 바뀌어간다. 수없이 사진으로만 보던 곳에 가까워지고 있었다.

캠프14 입구에 도착하자마자 우리는 이 캠프의 관리자 격인 사람한테 캠프 패스를 확인받았다. 그리고 캠프에서 있을 혹시 모를 위험 상황에 대비하여 증빙용으로 함께 사진을 찍었다. 난민 캠프는 철조망이 쳐져 있기는 하지만 군데군데 느슨한 구간이 많았고 수용공동체(기존에 방글라데시 사람들이 살던 마을)와 분명한 경계 없이 이어져 있었다. 그리고 울타리 곳곳에는 사람들이 드나드는 개구멍 같은 통로가 많이 보였다. 느슨한 울타리를 사이에 두고 한쪽은 방글라데시 사람이 사는 집, 한쪽은 로힝야 난민이 사는 집이 있는 것이다. 로힝야 사람들이 오기 전부터 이곳에 살던 방글라데시 사람들의 마을 위에 난민 캠프가 생겼기 때문이다. 방글라데시도 가난한 나라이기에 시골 지역에는 특히 난민과 비슷하거나 더 열악한 삶을 사는 사람들도 많았다고 한다. 이들은 지금 마을과 캠프가 뒤섞인 땅 위에서 함께 살아간다. 물론 큰 차이가 있다면 방글라데시 사람은 원하면 어디로든 이동할 수 있고 로힝야 난민은 자신이 사는 구역을 벗어날 수 없다는 것이다.

캠프14를 걸어 올라가는데 방글라데시 직원들과 한국인인 우리를 보며 아이들이 여기저기서 "바이바이"라고 소리치고 있었다. 이곳에 먼저 다녀간 아샤와 하띠가 캠프에서는 '바이'라는 말을 제일 많이 듣는다고 했는데 바로 그 장면이 재생되고 있었다. 캠프에 오는 외부인들은 금방 떠나는 경우가 많기 때문에 작별의 인사 "바이바이"를 많이 했을 것이고 아이들은 그것을 만남의 인사 표현으로 이해하고 있다고 했다. 처음에는 "하이", "헬로우"라고 해봤지만, 나중에는 우리도 "바이바이"에 익숙해져서 아이들을 만날 때마다 그 말을 반복하게 되었다. 이곳에서는 만남과 작별, 재회와 이별의 의미가 하나의 단어로 응축되고 있다.

캠프에 들어서자 길바닥에 오수가 흐르고, 닭과 병아리 들이 사람들 사이를 이리저리 돌아다니고 있었다. 닭의 목을 잡고 걸어가는 사람 뒤로 바닥에 빨간 물방울이 떨어져 있어 처음엔 피인 줄 알았는데 나중에 비바에게 들으니 '빤'이라는 걸 씹고 뱉은 물이라고 했다. 빤은 일종의 입담배 같은 것인데 중독성이 있어서 이곳 사람들뿐 아니라 방글라데시 사람들도 많이 씹는다고 한다. 빨간 물방울이 떨어진 흙바닥. 사진으로 찍으니 위험천만한 이미지로 보이는데, 이곳에서 직접 보고 듣고 냄새 맡으며 살피니 일상의 평범한 이미지일 뿐이다. 사진 바깥의 캠프는 어떤 곳일까. 이제 저 멀리 샨티카나의 표지판이 보인다.

샨티카나 앞에는 이곳을 지키며 입구를 관리하는 남성 두 명이 있었다. 그들과 인사를 나누고 안에 들어가니 마찬가지로 샨티카나의 경비 역할을 하는 사이누르가 인사를 건넸다. 그는 뚤라똘리 마을이 고향이라고 하며 자신의 휴대폰 속에 담긴 고향 사진들을 보여주었다. 사진첩에는 고향 사진뿐 아니라 그가 캠프에서 생활하며 경험한 많은 순간들이 남아있었다. 그 후에도 샨티카나에 있는 동안 어디선가 시선이 느껴져 돌아보

면 사이누르가 사진을 찍고 있었다.
샨티카나에 도착하자마자 오로와 내가 가장 먼저 한 일은 'zone' 체험이었다. 샨티카나에는 총 여섯 개 공간으로 구성된 힐링 프로그램이 세팅되어 있고 이를 통해 여성들이 심리 치유를 경험한다고 들은 바 있다. 그것을 나와 오로가 직접 경험해본 것이다.
여섯 개의 공간은 몸무게와 키를 재는 커넥션 존, 등록을 하는 웨이팅 존, 몸을 이완시키는 바디 존, 마음을 들여다보는 마인드 존, 마음과 몸을 컨트롤하는 소울 존, 자신의 상태를 나누는 인티그랄 존으로 나뉘어 있었다. 비문해율이 높은 로힝야 여성들을 위해 입구에는 각 구역별 설명이 그림으로 표현되어 있다. 각각의 존에서는 PSS(로힝야 여성심리지원단) 여성들이 자신의 역할을 수행하고 있었고 능숙하게 나와 오로를 맞이해주었다.
또 다른 한쪽에서는 여성들이 영어를 배우고 있었는데 단계별로 한쪽은 알파벳을, 한쪽은 단어를 배우는 중이었다. 칠판에는 'numeracy(숫자를 이해하고 다루는 능력)'라는 단어가 쓰여 있다. 우리가 맨 뒤에 앉아 보고 있으니까 여성들이 계속 우리 쪽을 쳐다보면서 작게 속삭이며 웃는다.
샨티카나의 가운데에는 아름다운 정원이 있었다. 처음 보는 풀과 꽃, 나무들이 자라고 있었는데 루미가 하나씩 설명해줬다. 레몬, 알로에, 로즈마리, 님 등등.
그날 참관했던 샨티카나 회의에서는 안건이 많았는데 그중 하나는 로힝

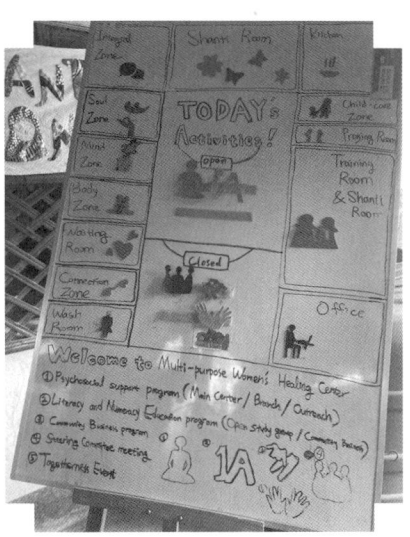

야 여성들이 이곳에서 일하는 로힝야 남성을 때리는 일이 발생했다는 것이었다. 역량 강화가 심하게 된 것 같다고 비바가 농담을 했다. 리더십에 대한 전반적인 고민이 필요한 시점인 것 같았다. 여성들은 자기가 원하는 것들을 그만큼 강하게 표현하고 있었다.

회의를 마치자 나와 오로를 소개할 시간이 찾아왔다. 나는 2019년부터 로힝야에 대해 알게 되어서 예술 프로젝트를 해오고 있고 지금은 책을 만들기 위해 자료를 수집하러 왔다고 말했다. 언어도 잘 통하지 않고 번역을 거쳐야 하는 수고로움이 있는 데다가 긴장과 체력 저하 탓에 간단한 말로 소개를 마쳤는데 이어서 오로가 더 진심으로 우리의 마음을 이야기해주었다. 자신도 힘든 시간이 있었는데 로힝야 난민의 이야기를 듣고 힘을 얻었다고. 오로의 이야기를 듣는데 2019년 이후에 우리에게 흘러간 시간들이 떠오르면서 눈시울이 붉어졌다.

소개를 마친 후, 오로가 한국에서 만들어 온 '친구들을 위한 명상 음악'을 틀었다. 눈을 감고 같이 들었다. 빛이 쏟아지는 듯, 맑은 공기가 흐르는 듯, 바람이 부는 듯, 공기 중에 따뜻함이 감도는 음악이다. 나중에 비바에게 들으니, 이 음악을 들으면서 로힝야 여성들이 이건 물소리다, 이건 무슨 소리다, 하면서 맞히고 있었다고 한다. 그리고 나중에 오로가 음악 설명을 해주자 사람들이 참 좋아했다고 말해주었다.

캠프에서의 일정이 끝나고 다시 한 시간 반을 달려 콕스바자르 시내로 돌아왔다. 과일 가게와 야채 가게, 빵집에 들러 재료를 사고 토마토 스튜를

해서 다 같이 저녁을 먹었다. 비바는 한국 직원으로서 방글라데시 직원들의 속도와 맞지 않는 부분에 대한 고민, 여성들의 리더십 교육에 대한 고민, 이제부터 세팅해야 할 커뮤니티 센터 내의 커뮤니케이션 구조에 대한 고민 등을 나누어주었다. 비바는 고민이라고 했지만 우리가 듣기에는 분명 이곳에 변화가 이루어지고 있음을 보여주는 증거였다. 스스로의 삶을 통제하고 이끌어 가기 위해 달라지는 여성들의 모습을 우리가 목격하고 있는 걸까.

2023. 5. 3.

잠결에 사방에서 울리는 아잔(Azan) 소리를 듣는다. 방글라데시에서는 하루에 다섯 번씩 기도 시간임을 알리는 아잔 소리가 울려퍼진다. 곳곳에 설치된 스피커를 통해 큰 소리로 멀리까지 퍼지기에 누구나 어디서든 들을 수 있다. 그리고 아잔 소리가 울려퍼지는 때를 기준으로 하루의 시간이 대략 얼마만큼 흘러갔는지 가늠할 수 있다. 오늘 처음 듣는 아잔 소리에 아침이라는 걸 깨달으며 잠에서 깼다. 오늘은 캠프에서 로힝야 여성들과 부침개를 만들어 먹을 예정이기에 출근길에 재료를 사러 꾸뚜팔롱 시장에 들렀다. 방글라데시 직원들의 도움으로 그린빈, 양파, 당근, 시금치와 비슷한 야채, 가지와 비슷한 야채 등을 현지 가격에 살 수 있었다. 캠프에 도착하자마자 비바와 지니아를 따라 샨티카나 방문 여성들이 사는 셸터에 가정 방문을 갔다. 난민 여성들이 생계 활동을 어떤 식으로 하고 있는지 조사하기 위해서다. 합법적인 경제활동이 불가능한 난민들이 캠프 내에서 어떻게 저축과 경제 활동을 하는지는 많은 NGO 단체나 연구자들의 주 관심사이다. 캠프14 내부를

길게 걸어보는 것은 오늘이 처음이었는데 언덕이 가파른 달동네 같았고, 다닥다닥 붙은 셸터 사이에서 아이들이 맨발로 뛰어다니고 있었다.
첫 번째로 방문한 집에는 할머니와 딸, 손주가 살고 있었고 마침 옆집 여성도 같이 있었다. 비바와 오로, 내가 영어로 질문하면 지니아가 로힝야 사람들이 알아들을 수 있는 방글라데시어로 통역해주었다. 샨티카나에

서 준 생계 활동 키트를 어떻게 활용했는지 할머니에게 물어보니, 바느질로 그물을 짜서 주변 이웃에게 판다고 대답한다. 집 안을 볼 수 있냐고 물어보니 허락해주었다. 어두운 실내 한쪽에 샤워할 수 있는 공간이 있었고 부엌이 옆에 붙어 있었다. 셸터에는 화장실이 없어서 공용 화장실을 써야 하는데 밤에는 손전등을 켜고 누군가와 동행한다고 한다. 이곳의 여성들에게는 씻는 것과 화장실 가는 것이 가장 불편한 일상 같았다. 아기를 안고 있던 딸의 얼굴과 이웃 여성의 얼굴이 너무 아름다워서 계속 눈에 아른거린다. 여성은 황갈색 피부에 타나카(미얀마에서 피부 보호와 미용 목적으로 바르는 연한 노란빛의 가루)를 바르고 장신구를 달았는데 눈동자가 정말 깊고 아름다웠다.

두 번째 집은 들어가자마자 재봉틀이 보였다. 생계 활동 방법을 물어보니 주변에서 천을 구해 옷을 만들어 판다고 했다. 만든 옷을 보여주는데 로힝야 전통복이었고 솜씨가 대단한 것 같았다.

세 번째 집은 문 앞에 바로 화장실과 우물이 있었는데 이 집 할머니는 다른 곳에서 가게를 판 돈을 밑천 삼아 이곳에서 물건을 구해 팔고 있었다. 집에는 팔 수 있는 여러가지 물건들이 쌓여 있었다. 우리가 더울까봐 계속 부채를 부쳐주며 뭔가를 먹고 가라고 준비하시는데, 여기서는 난민에게 뭔가를 대접받는 일이 공식적으로 금지되어 있어서 한사코 사양하고 나와야 했다.

돌아오는 길에 보니 캠프 곳곳에는 구멍 가게 같은 상점들이 있어서 과

자나 간단한 음료를 팔고 있었다. 한 주인 여성이 샨티카나에서 배운대로 꼼꼼하게 가계부를 적고 있어서 비바가 굉장히 흐뭇해했다. 가계부를 쓴다는 것은 샨티카나에서 시행한 꾸준한 수리 교육의 성과이기도 하다. 숫자를 읽고 계산하는 법을 익힌 여성들이 자신의 삶 속에서, 그리고 생계 활동 속에서 적극적으로 활용하고 있는 것이다.

우리가 가게 앞에 서서 이야기를 나누는 동안 사방에서 아이들이 모여들어 '바이바이', '할로', '왓츠 유어 네임'을 외치기 시작했다. 하지만 나는

가정 방문을 하는 동안 축적된 더위와 두통에 체력적으로 한계가 와서 아이들과의 대화에 집중하기 어려웠다. '바이바이'를 외치며 샨티카나로 돌아오는 길, 우리가 길을 헷갈려하자 아이들이 나타나 알려준 덕분에 금세 돌아올 수 있었다.

돌아오자마자 여성들과 함께 먹을 부침개를 만들러 주방으로 들어갔다.

한국에서 부침개 가루를 3kg 정도 사왔는데 이렇게 많은 양의 가루로 반죽을 만드는 건 처음이었다. 그래서 로힝야 여성들과 루미가 반죽을 만드는 걸 도와주었다. 로힝야 여성들이 나와 오로보다 훨씬 손이 빨라서 야채를 씻고 손질해주니 금세 커다란 냄비에 야채와 부침개 반죽이 가득 찼다.

가스레인지에 불을 켜고 프라이팬 두 개를 놓은 뒤 번갈아가면서 부침개를 부치기 시작했다. 후덥지근한 주방에 점점 열기가 가득 찼다. 부침개를 한 스무 개쯤 부쳤을 때 갑자기 기름이 내 팔과 손에 확 튀었다. 뜨거워서 물로 씻으려고 하니 로힝야 여성들이 그러면 안 된다고 하며 내 팔을 입김으로 호호 불어주기 시작했다. 저기선 사이누르가 뛰어와 치약을 발라주고 저쪽에선 루미가 정원에서 알로에를 따와서 팔에 발라주고 로힝야 여성들은 내 팔을 붙잡고 번갈아가며 입김을 불어준다. 괜찮다고 했지만 나는 환자 대우를 받으며 방에서 쉬게 되었고, 지니아랑 오로가 이어서 부침개를 부쳐주었다. 덕분에 PSS 여성 26명과 샨티카나의 경비, 방글라데시 직원들이 다 같이 모여서 부침개를 먹을 수 있게 되었다.

로힝야 여성들은 이런 음식을 처음 먹어보아서 신기해하는 것 같았는데 그래도 입에 맞는지 간장을 푹 찍어서 모두 맛있게 먹었다. 비바의 말로는 샨티카나 여성들은 아주 솔직해서 만약 맛이 없었다면 그냥 남겼을 거라고 했다. 부엌에 옹기종기 모여 하나씩 부침개를 부쳐서 집에 가져갔다고 한다.

가정 방문과 요리 때문에 피곤했는지 나와 오로는 차를 타고 시내로 돌아오는 길에 엄청 졸았고 숙소에 도착해서도 일찍 저녁을 먹고 하루를 마무리했다.

2023. 5. 4.

오늘은 수용공동체, 즉 난민 캠프의 외곽과 국경 지대를 따라 이동하며 캠프 바깥쪽 풍경을 리서치하기로 한 날이다. 수용공동체란 방글라데시 사람들이 사는 지역을 말한다. 미얀마와 국경을 맞댄 콕스바자르 지역 주변에 살던 방글라데시 사람들의 마을과 로힝야 난민들의 캠프는 벽이나 철조망이 있으나 정확하게 구분되지 않고 뒤섞여 있다. 지도에 난민 캠프로 표기된 지역들 사이사이가 방글라데시 사람들의 삶의 터전인 셈이다.

그렇기 때문에 우리가 출퇴근하는 캠프14의 샨티카나에도 수용공동체 여성들이 자주 방문해 같이 문해교육과 생계교육을 받는다. 그들 역시 가난한 형편이기 때문에 난민들에게만 혜택이 가는 것에 굉장히 예민하다. 그래서 많은 NGO 단체들이 콕스바자르에서 난민 캠프 사업을 하면 동시에 수용공동체 사람들을 위한 사업들을 함께 구상한다. 방글라데시는 아직 도로나 병원, 학교 등 인프라가 많이 부족한데 난민 캠프를 오가는 도로나 주변의 지역들은 오히려 우선적으로 인프라가 갖춰져 있다. 난민 캠프 주변은 NGO 단체들의 출근길이기 때문에 도로가 정비되어 있는 반면, 외곽의 방글라데시 사람들이 다니는 마을들은 거의 도로가 부서졌거나 사라져서 흔들림이 심각한 상태이다. 엄청난 규모의 난민들을 수용하고 함께 살아가고 있는 방글라데시 사람들의 마음에 존경심이 들면서도, 팍팍한 삶 속에서 이들이 느낄 상대적인 박탈감과 긴장 관계가 이해되기도 한다.

호텔에서 출발한 우리는 먼저 꾸뚜팔롱 캠프 주변에 내려서 바깥쪽 길을 걸었다. 바깥에서 보니 또 보이는 게 다르다. 철조망이 쳐져 있지만 곳곳에 구멍이 나 있다. 성인 남성도 지나갈 수 있을 만한 큰 구멍이라 너무 눈에 띈다고 생각했는데 물어보니 캠프 주변을 오가는 정도의 이동은 군인들이 엄격하게 붙잡지 않는다고 했다. 지나가다가 총을 들고 있는 두 명의 방글라데시 여군과 마주쳐서 긴장했는데 우리를 향해 미소짓는 표정은 순박하기 이를 데 없었다. 저들도 군인이면서 동시에 누군가의 가족이고 친구이며 소중한 고향이 있을 것이다.

캠프 주변을 걷는데 우리들이 캠프 관계자인 것을 눈치챈 아이들이 계속 따라왔다. 그중 한 소년은 자신도 한국에 가고 싶다고 하며 영어로 내게 말을 걸어왔다. 그 아이가 난민이 아니라면 조금 더 편하게 대화를 주고받을 수 있었을 텐데, 헛된 희망을 줄 수는 없다는 이상한 무력감에 조용히 거절의 의사를 내비칠 수밖에 없었다. 나는 냉정한 외국인이자 구경

꾼으로 그에게 기억되었을지도 모른다. 아니면 수많은 외국인 행인 중 한 명으로 잊혔을까. 그 당시 만남의 순간에 충실하려면 어떤 표정과 행동이 필요했을까에 대한 생각은 지금도 여전히 숙제로 남아 있다.

한참을 걷다 보니 저 멀리 미얀마 국경 표지판이 보이기 시작했다. 국경 근처는 굉장히 한적하고 바람이 많이 불었는데 우리가 사진을 찍고 쓰레기를 줍는 동안 사복 경찰처럼 보이는 사람이 따라오기도 했다. 잘못한 것도 없는데 괜히 가슴이 두근거렸다. 겨우 국경 근처에서 경찰을 따돌린 후 하빕과 만나 간식을 먹고 캠프14 쪽으로 돌아왔다.

잠시 하킴파라 마을의 몇몇 집을 방문해 살아가는 이야기를 듣고 이후에는 하킴파라 밑에 있는 와이콩 마을에 차를 세우고 미얀마 국경과 가까운 나프 강을 보러 갔다. 강둑길은 쓸쓸한 동시에 아름다웠다. 바람이 불자 갈대와 마른 나무 들이 흔들렸고 한참을 걷자 강이 보였다. 그 너머로 산과 들판이 눈에 들어오는걸 보며 강 건너가 바로 미얀마라는 사실을 알게 되었다. 정말로 로힝야 사람들의 고향은 지척에 있었다. 그때 어디선가 노래를 부르는 뱃사공이 나타났다. 그의 노래가 점점 커지다가 결국엔 사라질 때까지 우리는 그 자리에 한참 서서 강 너머 어딘가에 있을 고향의 자리를 바라보았다.

2023. 5. 5.

한국과 달리 방글라데시의 공휴일은 금요일과 토요일이다. 공휴일은 샨티카나에 출근을 하지 않기에 오늘은 매일 가는 캠프14가 아닌 다른 캠프, 특히 오래된 캠프들을 돌아보기로 했다. 가는 길에 하빕이 멀리서 보이는 가옥 구조를 설명해주었는데, 로힝야 사람들이 원래 살던 곳의 집과 비슷하다고 했다. 차크마라는 소수민족 사람들이 모여 사는 마을이었다. 방글라데시 곳곳에는 이렇듯 여러 소수민족의 마을이 있다.

며칠 전에 방문한 절에 사는 소수민족은 한국인과 굉장히 비슷하게 생겨서, 그 안에서 우리는 왠지 모를 친근함과 편안함을 느꼈다. 비슷하다는 것이 쉽게 친밀감을 만들어내는 것처럼, 다르다는 것은 너무 쉽게 적대감을 만들기도 하는 걸까. 피부색이 눈에 띄는 로힝야 사람들이 미얀마에서 받았을 일상적인 차별에 대한 상상이 창밖 풍경처럼 잠시 스쳐 지나갔다.

길 위에서 나와 오로는 산과 강, 숲과 논밭 풍경을 보며 반복해서 같은 말을 외쳤다. "슌돌!" 슌돌은 이곳에서 '아름답다', '멋지다' 등 여러 감탄의 표현들을 아우른다. 외우기도 쉽고 단어 자체의 어감이 예뻐서 자꾸 중얼거리게 된다. 슌돌, 슌돌.

다시 산과 들을 지나 이번에는 규모가 큰 농장을 지나쳤는데 하빕이 저곳은 빤을 키우는 농장이라고 설명해주었다. 빤은 메탈의 잎으로, 이곳 사람들이 애용하는 기호식품이다. 빤 농사는 방글라데시에서 돈을 잘 버는 직종이다. 방글라데시에 있는 동안 시내에서도 난민 캠프 안에서도 로힝야 어른들 아이들 할 것 없이 빤을 씹는 광경을 계속 볼 수 있었다. 우리는 매일 출근하던 캠프14를 지나쳐 잠시 캠프 22 부근에서 내렸다. 캠프 22에는 한톨이 무지개 자수를 설치한 장소가 있었다. 뜨거운 햇볕 아래를 걸으며 한톨이 알려준 좌표에 가봤는데 아무 흔적도 남아 있지 않았다. 아마 누군가가 뜯어 갔거나 아이들이 잘라서 집에 가져갔을 수도 있다. 그 후에도 우리는 종종 한톨이 알려준 무지개 좌표를 찾아 가보곤 했는데 어김없이 거의 모든 무지개 자수들이 사라져 있었다. 아름다운 색실로 짜인 무지개들이 캠프에서 사라진다는 것에 대해 그 이후로도 계속 생각하곤 했다. 한톨은 일종의 희망처럼 이곳에 무지개를 남겼을 것이다. 사라짐 그 자체에 대해서는 쓸쓸한 마음이 스쳐 지나갔지만, 어쩌면 누군가 남긴 무지개를 찾아서 이곳에 오는 발걸음을 만드는 것만으로도 의미 있는 일이 아닐까 생각했다. 무지개를 발견하는 것보다 무지개를 찾아가는 걸음이 더 소중한 것이라고. 다시 차를 타고 캠프 26으로 이동했다. 캠프26 앞에 도착하자마자 우리는 도로변에 있는 작은 스낵 가게에 들렀다. 그곳에서 찹쌀 도너츠 같은 맛의 빵, 수정과 맛이 나는 국물에 국수를 섞은 음식, 그리고 뜨거운 커피를 마셨다. 가게에서 음식을 내준 이는 로힝야 사람이었는데, 미소가 따뜻하고 깊은 눈을 가진 남성이었다. 로힝야 사람들은 직업을 구할 수 없는데 이곳에서 어떻게 장사를 할 수 있었는지 물어보자 가게 주인에게 고용된 것이라는 대답이 돌아왔다. 메가 캠프로 내려올수록 역사가 오래되어서 캠프와 수용공동체 간의 경계도 더 흐릿하고 이런 일자리를 구하는 진입 장벽도 낮아진다고 한다.
한편 난민들이 대거 유입되면서 기존 방글라데시 사람들이 일자리를 많이 잃기도 했다고 비바가 말해주었다. 안 그래도 낮은 방글라데시의 평균임금이 전체적으로 하락한 것이다. 난민들은 비공식적으로라도 일자리를 구할 수 있어서 좋지만, 방글라데시의 노동환경은 점점 열악해지는 것에 대해선 복잡한 심경이 들었다. 가난한 이들은 점점 더 가난해질 수밖에 없는 환경에서 그래도 아직까지 방글라데시 사람들과 로힝야 사람들은 큰 반목 없이 같은 곳에서 살아가고 있다. 난민이 대거 유입될 당시, 방글라데시 총리가 난민들을 수용하기로 결정해서 이렇게 다 같이 살 수 있게 되었다고 들었다. 만약 한국이었어도 이렇게 할 수 있었을까. 방글라데시 사람들은 이제 체념 수준이 되어서 '100만 명을 뭐 어떻게 하겠어? 같이 살아야지'라는 마음으로 그들을 대한다고 한다. 그런 수용과 환대의 마음들이 지금 이곳, 사람이 살아갈 수 있는 풍경을 만든 것이다.
캠프26 주변을 살피니 확실히 캠프14보다 셀터 간격도 넓고 조금 더 사람 사는 곳 같았다. 철조망도 허리 아래 높이로 낮게 설치되어 있었고, 더 집이라고 부를 만한 구조에서 살고 있는 사람들이 보였다. 그런 면에서 이런 오래된 캠프가 더 살기 좋은 곳처럼 보이기도 했지만 이들에게도 여느 캠프처럼 이동의 자유, 교육의 자유는 없었다. 평화로워 보이는 풍경 속에서 이 풍경이 감추고 있는 뒷면이 보였다.

이 오래된 캠프들을 따라 내려가다 보면, 긴 모래사장으로 이루어진 반도인 테크나프를 지난다. 테크나프로 넘어가는 길부터는 도로 곳곳이 움푹 파이거나 부서져 있고 울퉁불퉁한 곳이 굉장히 많아서 차가 심하게 흔들렸다. 난민 캠프가 생긴 곳에만 새 도로가 생겨서 기존 주민들이 불만이 크다는 말이 몸으로 이해되는 순간이었다.

가는 길에 창밖으로 전통 방식의 염전, 나프 강, 그리고 저 멀리 배들, 에메랄드 빛의 바다가 보였다. 차로 계속 달리자 미얀마 국경이 보이는 다리에 다다랐다. 차에서 내려 카메라를 챙겨 들고 다 같이 다리를 건너갔다. 후덥지근한 바람과 강한 햇살이 내리쬐는 더운 날이었지만 카메라로 보는 풍경은 참 아름다웠다.

이 다리는 초기에 로힝야 난민들이 많이 넘어온 구간이라고 비바가 설명해주었다. 누군가가 목숨을 걸고 건넌 다리 위에서 많은 관광객들이 사진을 찍고 포즈를 취하고 있었다. 다리 끝에 서서 우리는 잠시 저 강 위에서 생사의 갈림길에 서 있었을 사람들의 시간을 떠올려보며 애도의 마음을 남기고 다시 차로 돌아왔다.

그 후 제로 포인트라고 불리는, 방글라데시의 가장 남쪽까지 다녀온 뒤에 마린 로드를 따라서 다시 콕스바자르 쪽으로 올라갔다. 이제 왼쪽으로는 아름다운 해변이, 오른쪽으로는 밀림과 높은 산이 보이는 풍경이 스쳐 지나갔다.

사람들이 붐비는 다리를 건너 힘쵸리 언덕에 도착했다. 이곳은 제로 포인

트만큼이나 유명한 관광지였는데, 표를 끊고 언덕의 계단을 오르니 바다가 한눈에 내려다보이는 정상에 도달했다. 정상에서 노을을 보고 코코넛 주스를 마시는데 나와 오로, 비바가 유일한 외국인 일행이라 신기했는지 수많은 사람들이 같이 사진을 찍자고 요청해 왔다. 몰래 찍는 사람, 끝없이 같이 찍자고 조르는 사람, 수근대는 사람 등등에 둘러싸여 누군가에게 구경거리가 된다는 것, 호기심의 대상이 된다는 것에 대해 생각했다. 더위와 피로 속에서 불편함과 불안함을 동반하는 감정이 몰려오자 이곳이 조금 무서워지기도 했다. 카메라를 들고 있었지만 이곳에서는 별로 찍은 것이 없다.

잠시 후 차를 타고 졸면서 숙소로 돌아왔다. 오늘은 캠프 주변의 주요 장소들을 전체적으로 한 바퀴 훑은 날이다. 난민 캠프를 둘러싼 큰 그림이 보이기 시작하는 것 같다. 그리고 난민 캠프와 관광지가 가깝고도 먼 거리에 함께 위치해 있다는 것을 체감하며, 무엇을 어떻게 누구와 보느냐에 따라 새로운 세상이 열린다는 것을 깨달은 날이기도 하다.

2023. 5. 6.

오늘은 나지막한 빗소리에 기분 좋게 눈을 떴다. 평소보다 조금 시원한 공기가 느껴졌다. 오로는 베란다에서 빗소리를 녹음 중이었다. 잠에서 깨려고 잠시 비 내리는 하늘을 멍하니 바라보았다. 방글라데시에 온 이후 계속 배탈과 두통, 그 밖의 여러 증상들로 고생 중이다. 물갈이인지, 찬 음료 때문인지, 잭프루트 같은 처음 먹어본 과일 때문인지, 이곳의 매운 음식 때문인지 알 수 없다. 난민 캠프라는 환경도 새로운 자극이고 정보이지만 일단 방글라데시라는 낯선 환경을 내 몸이 받아들이는 중인 듯하다.

 시원하게 내리는 빗소리가 들린다. 작게 새소리도 들려온다. 오전부터 창밖에서 들려오는 빗소리에 잠에서 깼다. 베란다에 나가니 조금 시원한 공기가 느껴지는 날이었다.

따뜻한 차를 마시고 씻고 요가를 좀 한 뒤에 오로와 워크숍 준비 회의를 했다. 며칠 후 샨티카나 PSS 여성들과 워크숍을 하기 위해 한국에서부터 준비를 해 왔는데 막상 도착하니 여러 생각들이 밀려와 잠시 정비할 시간이 필요했던 것이다. 방글라데시에서 머무르기로 한 시간이 반 정도 흐른 시점에서야, 뒤돌아보고 우리 앞에 남은 시간들을 내다볼 여유와 시야가 생기는 듯싶다.

오로와 나는 그간의 관찰 결과, 이미 로힝야 여성들이 우리보다 훨씬 훌륭한 워크숍 전문가들인 것 같으며, 우리는 이들에게 뭔가를 주기 위해서 온 것이라기보다 더 배우고 받으러 온 것 같다는 생각을 공유했다. 워크숍을 주도하는 것보다 관찰하고 흡수하고 기록하며 잘 느끼는 게 중요하지 않을까라는 이야기를 나누며 우리는 한국에서 준비해 온 내용을 거의 다 바꾸게 되었다. 하지만 한국에서 상상하며 만들었던 워크숍보다, 지난 며칠의 경험과 만남을 재료 삼아 지금 새로 만드는 워크숍이 더 많은 것을 품고 있음을 확신했다.

그렇게 우리의 대화는 워크숍 이야기로 시작해, 이곳에서의 소회, 책을 준비하는 마음의 변화, 그리고 나와 오로가 함께 걸어온 시간들을 스스로 다독이는 내용으로 흘러갔다. 울며 웃으며 몇 시간 동안 대화를 나누고 점심 이후에야 숙소에서 나와 근처 빵집에서 직원들과 나눠 먹을 케이크를 하나 사서 사무실 쪽으로 걸었다. 가는 길에 구걸하는 할머니를 또 만났는데 내가 자연스럽게 그 손을 지나쳐 걷고 있었다. 매일 구걸하는 사람들을 만나면서 거절이 자연스러워진 것이다. 무언가에 익숙해진다는 것이 이런 것일까. 기후도 문화도 다른 환경에 적응하는 과정만큼 타인의 고통과 어려움에 익숙해지는 과정도 어느새 내 몸 안에서 작동하고 있었다. 마음에 작은 파동이 밀려왔다. 모든 것에 깊이 반응하고 마음을 움직인다면 아무것도 할 수 없을 것만 같은 밀도 높은 이야기의 시공간에서 나는 어느새 선별해서 하루하루를 살아가고 있었다. 난민 캠프 안에서 온 힘을 다해 기억하고 반응하니, 콕스바자르 시내에서는 많은 것을 흘려보내고 있었는지도 모른다. 기회가 될 때마다 잠시 돌아보며 내가 무엇을 보고 듣고 읽고 느끼고 있는지, 그리고 무엇으로부터 멀어지고 있는지 잘 기록하고 싶다고 생각했다. 지금 이 순간처럼.
사무실에서 직원들과 케이크를 나누어 먹고 워크숍 회의를 한 뒤 기후 활동의 일환으로 온 다른 단체의 한국분들과 인도 음식점에서 함께 밥을 먹었다. 그리고 다 같이 콕스바자르 해변의 밤길을 산책했다. 어둠 속에서도 우리가 이방인, 외국인이라는 게 티가 나는지 얼굴로 집중되는 시선들이 느껴졌다.
달이 예뻤고 달무리가 신비롭게 서로의 얼굴에 반사되는 밤이었다. 밀려오는 파도를 바라보며 자말과 이런저런 이야기를 나눴다. 예술 프로젝트가 장기적으로 의미 있을 것으로 믿는다고, 좋은 아이디어가 있으면 꼭 공유달라고, 우리가 하는 일의 의미를 곧 알게 될 것이라고. 끝나지 않을 주제로 한참 이야기하며 밤바다를 걷다가 다 같이 톰톰을 타고 각자의 숙소로 돌아갔다.
오늘은 자말과도 오로와도 우리가 하는 일들의 의미에 대해 진지하게 대화를 나누었다. 아마 오늘의 대화가 남긴 기억이 이 책을 끝까지 밀고 갈 수 있는 힘이 되지 않을까 싶다.

2023. 5. 7.

연휴가 끝난 다음 날이라 집으로 돌아가는 사람이 많아서인지 오늘따라 출근길 도로에 큰 버스가 많았다. 도로가 꽉 막혀 있어서 계속 급정거를 하느라 평소보다 늦게 캠프에 도착했고 멀미를 했다. 잠시 숨을 돌리고 바로 비바와 오로, 꼬히누르와 함께 샨티카나에 찾아오는 여성들의 셸터를 방문하러 갈 채비를 했다. 캠프가 꽤 크기 때문에 내부는 동을 구분하듯이 작은 구역들로 나뉘어 있는데 오늘 우리가 갈 곳은 e구역이었다.

몇 걸음 걷지도 않았는데 평소보다 더운 날이라 햇빛을 피하기 위해 머리에 두른 히잡 사이로 땀이 줄줄 흘렀다. 가는 길에는 꽤 큰 시장이 있었다. 캠프 안의 크고 작은 시장들에서는 간단한 잡화나 식료품을 판다. 이곳에서 나중에 생각날 것 같은 물건들을 몇 개씩 구매했다. 귀걸이, 팔찌, 비즈, 전구, 공책 등등. 특히 비즈는 여성들이 옷에 달거나 장식하는 용도인 듯했는데 그릇에 담아두니 보석같이 아름다웠다.

e구역은 언덕 위에 있었다. 첫 번째로 방문한 집에는 샨티카나에 종종 오는 여성과 그녀의 딸, 그리고 손주와 남편이 살고 있었다. 여성과 인터뷰를 하려고 했지만 남편이 동석하는 바람에 약간의 긴장감이 흘렀다. 남편이 말라리아 때문에 몸이 안 좋다고 해서 인터뷰를 빨리 끝내야 할 것 같은 조급한 마음이 들었다. 그가 누워서 쉬어야 할 자리에 우리가 앉아 있는 것 같은 기분이었다. 아무래도 로힝야 사람들 사이에서는 보수적이고 가부장적인 문화가 여전히 지배적이기에 여성들은 남편이 옆에 있으

면 눈치를 본다. 그녀의 솔직한 이야기를 듣기 어렵겠다는 생각을 하면서도 여성이 불편해할 만한 질문은 하지 말아야겠다고 생각했다.

나와 오로, 그리고 비바가 영어로 질문하면 꼬히누르가 통역을 해주었다. 방에 옹기종기 모여 앉은 우리가 너무 더워 보였는지 여성이 선풍기를 내왔다. 나무 토막 위에다가 플라스틱 날개를 붙여서 직접 만든 장난감같이 생긴 선풍기는 전원 스위치가 따로 없이 전기가 흐르는 선과 선풍기의 전선을 필요할 때마다 접촉해서 써야 하는 것 같았다. 어렵게 연결하면 손주가 장난으로 전선을 분리하고, 남편이 계속 하지 말라고 말리고, 아이는 눈치를 보며 다시 떼고를 반복했다.

전기를 사용하는 데 어려움이 없냐는 질문에 여성은 태양열을 쓰기에 낮에는 큰 문제가 없지만 비가 오면 불편하다고 했다. 주로 어디에 전기를 쓰냐고 물으니 선풍기, 전구 조명이라고 했다. 휴대폰이나 라디오 같은 전자 기기 없이 어떻게 정보나 소식을 듣냐고 물으니 봉사자들이 캠프를 한 바퀴 돌 때마다 그들에게 듣는다고 한다.

이곳에서 전기가 중요하게 사용되는 우선순위는 빛과 바람이다. 다른 것에 전기를 쓰고 싶지 않을까 상상했는데, 이곳에 와보니 셸터 안이 너무 덥고 어두워서 나라도 전기가 생기면 먼저 빛을 밝히고 바람을 만들고 싶을 것 같았다.

전기 사용에 대해 궁금했던 점들을 간단히 물어보고 나자 오로가 집에서는 언제 어디서 편안함을 느끼냐고 물어봤다. 그러자 그녀는 바람이 불 때라고 대답한다. 바람은 로힝야어로 '바타시'다. 대화를 마치고 그녀는 우리에게 인터뷰를 하던 방 아래쪽 공간으로 따라오라고 했다. 그녀를 따라 계단으로 내려가니 발코니처럼 뚫린 공간이 있었고 창밖에서 바타시가 시원하게 불어 들어오고 있었다. 가파른 비탈에 위치해 있어서 캠프가 한눈에 내려다보여 경치가 좋긴 하지만 비가 오면 위험할 거라고 비바가 걱정스럽게 알려주었다.

첫 번째 집에서 나와 이동하는 길에 샨티카나 브랜치 센터(분관)에 방문했다. 그곳은 샨티카나보다 훨씬 작았지만 PSS 여성들 몇몇이 상주하며 관리하고 있었다. e구역은 늘 물이 부족해서 이곳에 방문하는 여성들은 프로그램에 참여하다가도 물 뜨는 시간이 되면 다 나간다고 한다. 선풍기를 쐬며 잠시 앉아 쉬다가 다시 물을 한 모금 마시고 나와 두 번째 집에 들어갔는데 인터뷰를 하려고 했던 할머니가 많이 편찮아 보이셔서 인사만 하고 나왔다. 캠프에는 장염, 뎅기열 등에 걸렸거나 워낙 덥고 거친 환경 탓에 아픈 사람들이 많다.

가는 길에 옷감을 파는 곳을 발견해서 로힝야 전통복을 만드는 옷감과 히잡 천을 샀다. 같이 간 꼬히누르가 열심히 흥정을 해주었지만, 평소보다 비싸게 산 것 같다고 말해주었다.

오가는 길에 곳곳에서 아이들이 공부하는 소리, 뭔가를 낭송하는 소리가 계속 들려왔다. 기억하고 싶고 자꾸

듣고 싶은 소리라서 녹음을 하며 걸었다.

다시 샨티카나로 돌아왔을 때는 선크림이 손수건에 다 닦여 나가서 살이 드러난 부분은 후끈거리고 얼굴이 벌개져 있는 상태였다. 거기에 땀을 너무 많이 흘려서 녹초가 되어 사무실에 앉아 있자 사이누르가 어디선가 나타나 선풍기를 가까이 가져다주고 우리를 챙겨주었다.
잠시 후 정신이 좀 들어서 바나나로 당분을 보충하고, 생계교육 프로그램의 일환으로 여성들이 머리끈 만드는 걸 구경했다. 천을 오려서 만든 꽃이 달린 머리끈을 만들었는데 빠른 손놀림으로 순식간에 완성해 내는 솜씨가 놀라웠다. 로힝야 여성들이 좋아하는 스타일이라니 간직하고 싶어서 우리도 몇 개 샀다. 사실 여성들이 내 머리에 어울리는 머리끈을 하나씩 대어보며 추천해주어서 사지 않을 수 없었다.
그 후에는 샨티카나 PSS 여성들의 회의에 참관했다. 지니아가 통역해주는 내용을 들어보니 여성들은 곧 있을 나와 오로의 워크숍 시간에 스낵이 필요하다고 강력하게 주장하고 있었다. 여기서 스낵이란 밥과 커리를 포함한 식사를 뜻한다. 우리도 스낵을 준비하고 싶지만 그럴 만한 시간과 예산이 없어서 간단한 과일 간식을 준비했기에 고민이 되었다. 지니아는 여성들이 농담하는 거라고 했지만 캠프 안에서 제대로 된 식사를 하기 어려운 건 사실이니 진심이 담긴 것 같아서 그냥 흘려버릴 수 없었다. 원하는 것을 확실히 이야기하는 여성들이 굉장히 자신감 있어 보였고, 그녀들을 지원할 자원이 항상 부족한 캠프 환경이 아쉬웠다.
시내로 돌아오는 길에는 식당에서 점심을 챙겨 먹고 오로와 내가 직원들에게 아이스크림을 한턱 쐈다. 여기서는 누군가 한턱 내는 걸 굉장히 반겨한다. 오렌지맛 얼음처럼 씹히는 아이스크림이었는데 정말 달았다. 아마 평생 잊지 못할 차가운 한 입이었다.

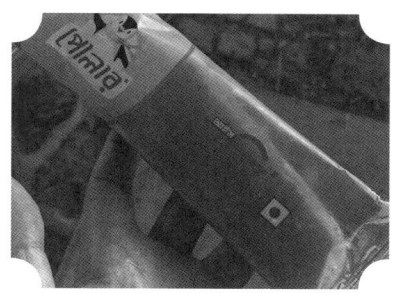

2023. 5. 8.

오늘은 캠프18에 방문하는 날이다. 캠프18은 캠프14보다 더 크고 무엇보다 로힝야 문화예술을 아카이브한 곳이 있다고 들어서 기대하는 마음으로 출발했다. 직원들을 캠프14에 내려준 뒤 오로와 나를 태운 차는 캠프와 캠프 사이에 난 큰 도로를 가로질러 들어갔다. 캠프 내에는 도로가 없을 줄 알았는데 내부에 NGO 단체들이 있기 때문에 최소한의 인프라는 갖추어져 있었다. 도로 오른쪽으로는 캠프11과 캠프8W 표시가 보였고 큰 시장을 지나쳤다. 창밖을 구경하다 보니 사람들이 가스통을 하나둘씩 들고 가는 게 보였다. 캠프 내에서 난민들이 나무를 많이 베어서 사용하고 있기에 환경이 파괴되는 걸 막기 위해 NGO에서 가스 사용을 장려하고 있는 것이다. 나무와 풀, 흙 등 주변에 보이는 모든 것이 살림살이의 재료가 되는데 특히 캠프에선 집, 다리, 울타리, 바구니, 장난감 등 모든 걸 대나무로 만든다. 캠프 곳곳을 돌아다니다 보면 대나무를 깎아서 무언가를 만들거나 자기 몸보다 큰 대나무를 어깨에 지고 옮기는 사람들이 많이 보였다.

캠프18의 CiC(Camp in Charge, 캠프 관리자) 사무실에 도착해 캠프 패스를 확인받고 유칼립투스 나무 그늘 아래에서 잠시 기다리는 동안, 직원 알람기르에게 그동안 궁금했던 것들을 몇 가지 물어보았다. 이곳에도 트랜스젠더 등 성소수자가 있을 것 같은데 들어본 적 있느냐는 질문에, 캠프14 내부에서 본 적은 없지만 아마 있을 것이라는 답변이 돌아왔다. 비바가 덧붙이기를, 매년 인구조사를 하면 지표가 나온다고 했다. 캠프라는 폐쇄적인 공간에서 차별과 혐오의 대상이 되기 쉬운 성소수자들이 어떻게 자신들의 삶을 지켜나가고 있을지 궁금했지만 자세한 이야기는 들을 수 없었다.

캠프 내에서 장애를 가진 사람들이 도움을 받을 수 있는지에 대해 물어보니, 휠체어 경사로가 있는 곳도 간혹 있지만 대체로 없는 곳이 많고, 말하지 못하거나 듣지 못하는 사람들이 도움을 받기는 어렵다고 했다. 길을 걷다 보면 종종 정신적 외상으로 인해 혼잣말을 하거나 가만히 앉아 멍하니 한곳을 바라보는 사람들을 볼 수 있었는데, 그들도 캠프의 여느 사람들처럼 그저 자신의 일상을 살아가고 있었다.

이렇게 캠프 안에 여러 차원에서 도움이 필요한 사람들이 많다는 것을 방글라데시 직원들도 NGO 단체들도 인지하고 있는 듯했다. 하지만 피난 당시 몸에 입은 상처, 후유증, 그리고 더위와 열악한 생활 조건으로 인해 대부분의 사람들이 아픈 곳이 캠프다. 모두가 아픈 곳에서 눈에 보이지 않는 상처나 당장 급하지 않다고 생각되는 고통을 마주할 여유가 없는 것 같았다. 그런 의미에서, 마음을 치유하고 회복한다는 장기적인 목표를 지닌 샨티카나의 가치에 대해 다시 생각해보게 된다.

잠시 후 우리는 캠프 패스를 허용받고 캠프18의 능선을 따라 걸었다. 캠프18은 언덕 위에 있어서 주변 풍경이 한눈에 내려다보였다. 지나가다가 행상인을 만났는데 어깨에 둘러멘 긴 나무 양 끝에 바구니를 달고 그 안에 여러 물건들을 넣어서 돌아다니며 팔고 있었다. 골목마다 돌아다니며 소리치면 그걸 듣고 필요한 사람들이 물건을 사러 나왔다.

우리의 목적지는 로힝야문화센터(Rohingya Cultural Memory Centre)였는데 위치를 정확히 알지 못해 헤매는 와중에 친절한 한 남성을 만났고 이어서 그곳에서 일하는 두 남성을 만나 무사히 찾아갈 수 있었다. 그들이 알려준 방향으로 걷다 보니 저 멀리 한눈에도 아름다운 건물이 보였다. 캠프에서 한 번도 본 적 없는 위엄 있고 견고한 건물이었다. 셸터나 NGO 센터들과 똑같이 대나무로 만들었지만 훨씬 큰 규모였고 짜임새 있게 지어졌음을 단번에 알 수 있었다. 통풍도 잘되도록 설계되어서 어디에 있든 시원한 바람이 불어왔다. 대나무를 엮어서 문양을 만드는 방식도 여러 가지였다. 천장의 문양을 보는 재미도 있었고 흥미롭게도 벽에 다양한 창문 모양을 조각해두어서 마치 작은 로힝야 집들이 모여 있는 듯한 느낌도 들었다.

건물 안에는 로힝야의 미술, 음악, 문학 등을 기록한 조형물들이 전시되어 있었고, 종이로 만든 문양들이 커튼처럼 바람에 휘날렸다. 홈페이지를 통해 미리 이미지를 보았지만 지금 눈으로 보고 있는 것은 그것과는 차원이 달랐다. 로힝야의 문화예술 역사가 많이 유실되었다고 들었는데, 더 사라지기 전에 이렇게 아카이브하고 공유하려는 마음이 감동적이었다.

복도에서는 한 여성이 흙과 나무로 의자와 그릇 등을 만들고, 남성들은 대나무를 깎아서 로힝야 전통 배와 가옥 모형을 만드는 걸 볼 수 있었다. 누구에게 배웠냐고 물어보니 고향에서 배우고 기억한 것이라는 대답이 돌아왔다.

캠프18의 로힝야문화센터의 여운을 뒤로하고 다시 캠프14로 돌아가 쉬던 중에, 샨티카나에서 새로 일하게 된 키스모따라와 이야기를 나눌 기회가 생겼다. 그는 영어를 잘하는 편이고 방글라데시어, 로힝야어, 미얀마어를 모두 조금씩 하는 것 같았다. 영어에 대한 열정이 크고, 나중에 한국과 인도네시아에 가보는 게 꿈이며, 교사도 되고 싶고 의사도 되고 싶다고 하는 키스모따라는 가족이 열 명이고 자신이 부양자라고 했다. 엄청난 부담감 속에서 공부와 일을 하고 있는 것이다. 루미가 이곳에는 이런 엄청난 사연을 가진 사람들이 많다고 말해주었다. 나는 잘 모르면서도 키스모따라에게 '분명 언어가 당신에게 힘이 될 것'이라고 말했다. 언어가 힘이 될 수 있다고 대화하는 바로 지금 우리의 이야기가 정말로 힘이 되길 진심으로 바랐다.

2023. 5. 9.
오늘은 샨티카나에 도착하니 한창 지붕을 수리 중이었다. 곧 다가올 태풍에 대비하는 것이다. 나무 자르는 소리, 못질 소리의 번잡함을 뒤로한 채 비바, 루미와 함께 샨티카나의 PSS였던 여성들의 집을 방문하러 나섰다. 샨티카나 근처의 집들 위주로 방문하기로 했고, 첫 번째 집은 시부모와 함께 살고 있는 여성의 집이었다. 가족들, 우리를 구경하러 몰려온 옆집 아이들에게 둘러싸여 소란 속에 인터뷰를 진행했다. 생활의 어려움 등을 물어봤는데 옆에 시부모가 있어서 편하게 대답하지 못하는 듯했다.

물어보고 싶은 게 많았지만 여성이 난처할까 싶어 집을 둘러보는 것으로 대신하고 인터뷰를 마무리했다. 가정 방문을 할 때마다 내부를 좀 살펴봐도 되냐고 조심스럽게 물어보는데 외지인임에도 대부분 허락해주는 마음이 고맙다.

두 번째 집은 입구에서부터 보이는 실내 장식이 굉장히 화려했다. 여러 가지 파티용품으로 장식해놓은 거실에서 중년 여성이 우리를 맞이했다. 결혼식 같은 행사를 하고 난 이후에 장식을 떼지 않은 듯했다. 우리가 장식된 집에 감탄하자 여성은 굉장히 뿌듯해하며 방 안 쪽으로 안내해주었다. 다 똑같아 보이는 셀터이지만 집집마다 구조가 조금씩 다르고 무엇보다 자신이 머무르는 곳을 취향대로 꾸미는 모습들을 종종 볼 수 있다.

이 집에서는 비둘기를 키우고 있었다. 생계 지원용으로 받은 것이다. 비둘기를 키우는 것이 생계에 도움이 되냐고 묻자, 매우 도움이 되며 팔아서 필요한 것들을 사고 다시 새끼 비둘기를 사기도 한다고 대답했다. 다만 비둘기가 쌀을 주식으로 먹는데 그걸 구하기가 쉽지 않은 것 같았다. 여성은 캠프에서 집집마다 사용하는 태양열 판넬이 없어서 전기를 쓰는 데 어려움을 겪고 있었다. 인터뷰 내내 딸과 함께 우리에게 부채를 부쳐주었다.

생계 질문이 끝나자 그는 자신의 여동생이 남편에게 죽을 뻔해서 지금 병원에 있는데 심각한 상태라는 이야기를 해주었다. 이곳에서 가정폭력이 굉장히 심각하고 만연하다는 것을 잠시 잊고 있었다. 샨티카나에는 역량이 강화되어 자신을 지킬 수 있는 여성들이 많지만 아직 캠프의 대부분 여성들은 가정 내에서 폭력과 학대에 노출되어 있다. 샨티카나 가정 방문을 하며 비바와 방글라데시 직원들은 샨티카나의 변화를 어떻게 캠프 주변으로 확장할지 고민이 깊어져가는 것 같았다.

세 번째로 들른 집에는 할머니 두 분이 계셨다. 그 집은 마치 학교 혹은 공부방처럼 꾸며져 있었는데, 원래 다른 NGO에서 센터로 쓰다가 지원이 끊어져서 방치된 곳이라고 했다. 인사를 나누는 동안 이전 집에서 따라온 아이들이 계속 '솔', '망고'를 외치는 소리가 들렸다. 오가는 길에 조금 대화하며 이름을 알려주었는데 그걸 기억하고 계속 따라오는 것이다. 인터뷰에 집중해야 해서 아이들에게 계속 대답할 수 없었지만 마음 같아서는 '망고'를 잔뜩 사 와서 나누어 주고 싶었다. (나중에 비바에게 들으니, 나에게 '망고'를 외친 이유는 동네 아이들이 외국인을 보면 과일 이름 대기 놀이를 하기 때문이라고 한다.)

허락을 구하고 집 안쪽을 구경하니 생각보다 넓었다. 할머니의 남편이 마지이기 때문이다. 이곳에서도 로힝야 문화와 종교는 유지되기에 마지나 이맘과 같이 직위가 있는 사람들은 존경받는다.

인터뷰를 마치고 인사를 하고 돌아오는데 배웅하는 할머니의 눈이 에메랄드처럼 푸른 빛을 띠었다. 오래된 보물을 본 것 같다. 저 눈동자 안에 긴 로힝야 문화와 역사, 예술, 이야기, 그리고 고통의 시간이 기록되어 있을 것이다.

다시 샨티카나로 돌아와 워크숍 준비를 했다. 오늘의 그림자 워크숍은 오로가 진행하기로 하고, 비바와 루미가 참관하며, 지니아가 통역을 맡아주었다. 워크숍을 시작하려는데 여전히 센터의 지붕을 보수하는 공사음이 계속 들리고, 덥거나 지쳐 있는 여성들도 여럿 보였다. 그래도 참여해주는 마음이 고마웠고 길지 않게 진행해야겠다고 생각했다.

천을 매달고 조명을 설치해서 손으로 그림자를 만들어보는 워크숍이었는데 주제는 '위로'였다. 다소 어려운 단어일 수 있는 '위로'에 대해 설명하기 위해서는 예시가 필요했다. 그래서 지니아가 여성들에게 '서로의 남편이 죽었을 때 어떻게 대해주는가'를 예시로 들었다. 이곳에서는 흔한 일화이기에 아주 적절한 예시였다. 여성들이 둘씩 짝지어서 동작을 선보였는데 모두 부끄러워하지 않고 적극적으로 참여했다. 서로의 손을 쓰다듬거나 손으로 고갯짓을 하거나 손으로 포옹을 하거나 하는 모습들이 나왔다. 뒤로 갈수록 동작들이 비슷해지는 것 같아서 손으로 춤을 추는 등 자유롭게 표현해달라고 하니 더 다양한 동작들이 나왔다. 뱀, 멜로디, 공격하는 동물, 산, 물결 등등.

끝날 때 여성들에게 소감을 물으니 로힝야에서 '그림자'는 어둡고 나쁜 걸 의미하는데 오늘 워크숍을 통해 생각이 바뀌었다고 해주었다. 그림자로 다양한 표현을 하고 많은 이미지를 만들어낼 수 있듯이, 어두운 마음으로부터 다시 시작되고 되찾을 수 있는 것들이 생기길 바라는 의도로 꾸린 워크숍이었다. 여성들은 자세한 설명 없이도 몸으로 수행하며 그 의미를 가져가고 있었다.
워크숍을 하는 동안 선풍기가 고장나고 밖에서 가벽을 세우는 통에 바람이 들어오지 않아서 엄청 더웠는데 모두 정성스럽게 참여해주어서 고맙다. 로힝야 여성들은 우리가 무언가를 준비해 왔다는 걸 알고 있고 그것을 온몸으로 받아들일 수 있는 마음의 공간이 있는 사람들이다.

2023. 5. 10.
오늘은 캠프로 출근하는 차 안에 사람들이 꽉 찼다. 평소에 캠프에 가지 않던 상사들이 차에 타서인지 방글라데시 직원들이 오늘은 음악도 듣지 않고 춤도 추지 않고 노래도 안 해서 조용하다. 대부분 사람들이 모자란 아침잠을 보충하며 캠프로 향했다.
샨티카나에 도착하니 항상 반갑게 맞아주던 사이누르의 컨디션이 오늘따라 좋지 않아 보였다. 물어보니 아픈 건 아니고 더위 때문이라고 했다. 평소에도 덥지만 유난히 더운 날이었는데 그나마 있던 선풍기도 망가져서 바람도 없이 찜질방처럼 푹푹 찌는 방 안에 여성들이 힘없이 앉아 있었다.
사랑방에 가니 어제 가정 방문 때 세 번째 집에서 만났던 할머니들이 계셔서 반가웠다. 이곳에서는 두 번 보면 반가워하고 세 번 보면 친구나 가족처럼 친근하게 대한다. 나도 덩달아 친밀감이 급속도로 커져간다. 나와 오로가 후덥지근한 사랑방에 오니 여성들이 여기저기서 부채를 부쳐주기 시작했다. 옹기종기 모여 앉은 여성들의 몸에서 나는 시큼한 땀냄새가 바람과 함께 방 안에 퍼졌다.

비바가 할머니들에게 이런저런 생계 관련 질문들을 했다. 과일은 잘 먹는지, 어떤 것을 먹는지, 이제 보급해주는 돈이 줄어든다고 하는데 괜찮은지 등등. 그런데 한 할머니가 눈시울이 붉어지며 이렇게 말했다. 자신의 부모님이 할 법한 질문들을 하니 고맙다고. 그 말을 들은 비바도 눈시울이 붉어졌고 나와 오로는 로힝야어를 알아듣지 못하지만 표정들을 보니 어떤 마음인지 알 것 같아서 괜히 눈물이 났다. 이곳에서는 누군가 자신의 안부를 묻고 괜찮냐고 해주는 한마디가 굉장히 큰 위로이다. 관심과 애정을 나누는 일은, 절대 힘들고 어려운 일이 아니라는 걸 여기 와서 다시 깨닫고 있다.

잠시 후 루미가 자신의 집에서 키운 망고를 가져와서 함께 나눠 먹었다. 한국에서 먹던 것과 달리 초록색이라서 신기했는데 굉장히 달고 단물이 뚝뚝 떨어졌다. 루미의 마음도 고맙고 망고도 맛있었지만 귀한 과일을 사무실 직원들끼리만 먹는 게 미안해서 많이 먹지는 못했다.

오늘은 어제의 그림자 워크숍에 이어 카메라 옵스큐라 워크숍을 하는 날이다. 어젯밤에 숙소에서 오로와 하나하나 오리고 접고 풀칠해서 만든 종이 카메라 여덟 개를 들고 트레이닝 룸에 앉았다. 히잡을 쓰고 긴 옷으로 몸을 감싼 아푸('언니'처럼 여성들이 친근하게 서로를 부르는 로힝야 언어)들과 워크숍을 하기엔 트레이닝 룸이 너무 더웠다. 그래서 워크숍 소개를 짧게 한 후에 바깥 정원과 복도에서 활동하기로 했다.

워크숍 제목을 설명했는데 지니아가 '옵스큐라' 발음을 어려워했다. 아푸들도 마찬가지였다. 그래서 그냥 카메라 워크숍이 되었다. 그래도 설명해주고 싶었던 건 '옵스큐라'가 라틴어로 '어두운 방'이라는 뜻이라는 점이다. 어두운 방에서 밝은 곳을 향해 작은 구멍을 내고 이미지를 만들어내는 것이 카메라의 원리이듯이, 어두운 곳에서도 볼 수 있는 것이 있음을 나누고 싶었다. 우리는 이 카메라로는 사물이 거꾸로 보이며, 어두운 곳에서 밝은 곳을 볼 때 더 선명하게 보이니 샨티카나에서 좋아하는 곳들을 돌아다니며 카메라를 사용해달라고 말했다. 여성들은 샨티카나 각 공간으로 흩어져 카메라를 이곳저곳에 대보며 거꾸로 보이는 것들을 신기해했다. 종이 카메라 안에서는 님나무도 거꾸로 보이고 경비 사이누르도 거꾸로 매달려 있고 정원의 허브들도 거꾸로 심어져 있었다. 여성들은 서로 카메라 앞에서 포즈를 취하고 곳곳의 모습들을 눈에, 카메라에 담으며 자신이 보고 담은 것을 서로서로 보여주었다.

잠시 후 피드백을 나누는 시간이 되었다. 샨티카나에서는 종합 토론을 할 때마다 남다른 어려움이 있다. 로힝야어, 방글라데시어, 영어, 한국어를 거쳐 소통이 되니 통역이 이어지는 동안 집중력이 떨어지기도 하고, 여성들이 서로 너무 친해서 수다를 많이 하다 보니 내용 공유가 제대로 안 되기도 하는 것이다. 그래도 피드백을 들어보니 대부분의 여성들이 세상이 거꾸로 보인다는 걸 재미있어하는 것 같았다. 나와 오로가 나누고 싶었던 마음이다. 여성들이 매일 보는 캠프라는 일상이 조금 더 재미있게 느껴졌으면 했고, 그녀들의 눈으로 본 샨티카나의 사진들을 책에 싣고 싶었다. 수많은 사람들이 이곳을 방문하고 사진을 찍어 갈 텐데, 반대로 카메라를 들고 찍는 시선을 아푸들이 가졌으면 했다.

덥고 지치는 날이었지만 아푸들은 끝까지 워크숍을 즐겨주었다. 시장에서 사 온 사과를 나누어 먹고 사무실로 돌아와 잠시 숨을 고르는데, 점심 시간의 햇살이 캠프 벽의 송송 뚫린 구멍 사이로 새어들어오고 있었다. 비가 내리듯이 작은 빛들이 쏟아져들어오는 풍경 앞에서 그저 아름답다는 생각밖에 들지 않았다. 오로는 가만히 그 모습을 촬영하고 나는 촬영하는 오로의 모습을 가만히 지켜보며 잠시 시간을 보냈다.

퇴근 후 우리는 샨티카나에 선물할 시계를 사러 시장에 갔다. 샨티카나에 방문하는 여성들의 목적 중 하나는 시간을 파악하는 것인데 원래 있던 시계가 분실되었기 때문이다. 돈이 충분하다면 선풍기를 여러 대 사고 싶은 마음도 있었지만, 그래도 이 시계가 샨티카나의 일상에 작은 편리함을 제공할 수 있으면 좋겠다.

2023. 5. 11.

오늘은 캠프에 가는 마지막 날이다. 그래서인지 차에서 바깥 풍경을 바라보는데 여러 감정들이 올라왔다. 슬프기도 하고, 아쉬움도 들고, 그리운 감정도 생긴다. 무엇보다 거친 환경과 가뿐 일정으로 크게 느끼지 못했던, 기록하는 사람의 무거운 어깨가 이제서야 느껴졌다. 돌아가서 이 밀도 높은 경험을 어떻게 다른 이들과 나눌 수 있을지 고민이 깊어져간다.

오늘은 캠프14 구역 내의 다른 여성 커뮤니티 센터에 방문했다. BRAC이라는 NGO 단체에서 운영하는 곳이었다. 장난꾸러기들이 병뚜껑을 던지며 우리가 센터에 도착할 때까지 계속 따라왔다. 한 무리의 아이들을 그림자처럼 달고 캠프 내부를 걷고 있는 이 상황은 캠프 사람들에게 재미있는 구경거리였을 것이다.

곧 도착한 여성 커뮤니티 센터는 천장에 실링팬이 달려 있고 곳곳에 선풍기가 잘 설치되어 있어서 굉장히 시원하고 쾌적한 것이 인상적이었다. 가장 놀란 건 한쪽 방에 설치된 배터리의 양이었다. 전력이 충분하게 마련되어 있기 때문에 이렇게 실링팬을 돌릴 수 있는 것이다. 샨티카나에도 저렇게 전력이 충분한 환경을 만들 수 있다면 얼마나 좋을까 생각했.

또 다른 인상적인 점은 센터 내부의 벽이 온통 그림으로 장식되어 있다는 것이었다. 그림이 붙지 않은 벽면을 찾기가 어려울 정도였다. 아무래도 영어를 포함한 글자를 모르는 여성들이 많기 때문에 건강, 젠더 인식, 자존감, 장애 등에 대한 정보를 그림으로 설명하고 있었다. 당신은 무엇이든 할 수 있고 될 수 있다, 당신은 충분히 아름답다, 마음은 회복될 수 있다, 나의 영향력이 우리를 바꾼다. 그림으로 표현된 한 문장 한 문장을 따라 읽고 보며 나 또한 지지받고 돌봄받는 듯한 기분을 느꼈다.

잠시 앉아 숨을 돌리고 있는데 어느새 아이들이 옹기종기 모여든다. 내가 갖고 있는 카메라를 신기해하는 듯했다. 나는 여기서 처음으로 아이들과 사진을 찍었다. 내가 바라보는 아이들의 맑은 눈동자를 찍을 수 있는 여유나 마음이 이제서야 생긴 것일까. 아이들은 카메라에 비친 자신의 얼굴을 신기해하고 부끄러워하고 재미있어했다. 앗살라무 알라이쿰(인사), 케나쏘(잘 있니), 발로아첸(잘 지내니), 알 남 솔(내 이름은 솔이야), 남?(이름이 뭐니?), 슈크리아(고마워), 슌돌(예쁘다). 몇 개의 단어가 아이들과 나눌 수 있는 말의 전부였지만 웃고 장난치는 데에는 충분했다.

오늘은 문해교육을 꼭 참관하고 싶었기 때문에 서둘러 샨티카나로 돌아와 녹음기와 카메라를 챙겨서 트레이닝 룸으로 갔다. 벌써 지니아가 문해교육을 시작하고 있었다. 오늘은 facial tissue, hand towel tissue, toilet tissue, 이렇게 세 단어를 배우는 중이었다. 이어서 hello, hi도 배웠다.

지니아는 정말 훌륭한 선생님이었다. 뒷줄에 있는 여성들에게 읽어보게

하고 잘 못하는 사람들이 보이면 앞줄로 이동시켰다. 잘하는 여성들은 뒤쪽으로 적절히 섞어서 서로 알려줄 수 있게 했다. 그리고 그룹별로 받아쓰는 연습을 하게 했다. 여성들이 지니아의 목소리를 따라 철자를 읽고 발음하는 모습이 멋지다.

나는 오로와 뒤쪽에 앉아서 조용히 지켜보았다. 맨 뒤에 앉은 여성들은 갓난아기를 데리고 있었는데 중간에 울면 달래주기도 하고 모유수유를 하며 수업을 들었다. 다른 방에서는 꼬히누르가 샨티카나에서 일하는 남성들과 사이누르에게 알파벳을 가르치고 있었다. 아직 기초 단계인 것 같았다. 여기 사람들은 특히 h 발음을 어려워하는데 사이누르도 계속 h를 발음하지 못해서 반복해 연습하고 있었고 그 모습을 아이들이 웃으며 지켜보고 있었다. 나중에 지니아에게 단어들은 어떤 기준으로 선택하냐고 물으니, 여성들이 원하는 걸 가르친다고 했다. 생활과 밀접하게 관련된 단어부터 배우는 것 같았다.

점심시간에는 마당에 있다가 아이들이 한 명 두 명 들어오자 같이 놀며 시간을 보냈다. 땅바닥에서 작은 돌멩이로 공기놀이를 하길래 같이 했다. 대부분이 남성 경비들의 아이들이다. 너무 귀여워서 뭐라도 주고 싶었는데 줄 게 없어서 내가 갖고 있는 손수건을 네 등분으로 잘라서 나누

어 가졌다. 물에 적셔서 얼굴에 살짝 올려주니 시원한지 배시시 웃는다. 한 아이는 자기 이가 몇 개 빠졌는지 설명해주며 손가락으로 가리키는데 너무 귀여웠다.
캠프 퇴근길에 아이들에게 바이바이 하며 한 명 한 명 다 악수를 했다. 오늘이 마지막 날이라고 이야기해주고 싶었는데 언어가 달라서 전달이 되지 않았다. 이렇게 불시에 찾아왔다가 불시에 떠나는 사람들에게 아이들은 익숙할지 모른다. 제대로 된 작별 인사를 하지 못했다는 무거운 마음으로 캠프를 걸어 나왔다. 오늘따라 "바이바이"라고 외치는 아이들의 목소리가 귓가에서 잘 사라지지 않는다.

2023. 5. 12.
오늘은 한국으로 돌아가는 날이다. 곧 태풍이 올 텐데 캠프14와 샨티카나를 정확히 관통할 것 같다는 얘기를 들어서 걱정이 된다. 피해를 예방하려고 비바가 직원들과 며칠 전부터 점검을 하긴 했는데 그래도 매년 비와 홍수 피해, 산사태, 그리고 셸터의 파손이 반복된다고 한다. 부디 이번 태풍이 큰 피해 없이 무사히 지나가길 바란다.
생각해 보니 지난 2주는 태풍의 눈과 같은 시기였다. 체감온도 37도를 넘나드는 폭염과 찌는 듯한 습도는 태풍이 오기 전의 고요한 신호와도 같았다. 평년과 비교했을 때에도 기록적인 폭염이라 방글라데시 사람들도 이번 여름이 굉장히 더웠다고 한다. 그런데 흥미롭게도 별자리 운세에서 지난주 내가 태풍의 눈 같은 상태에 있었다고 나왔다. 곧 바빠질 여러 일들을 앞두고 보내는 마지막 평온 상태라고 했다.

태풍의 눈은 긍정이나 부정으로 단정지을 수 없는 개념 같다. 위험이 닥쳐오기 직전의 긴장 상태이기도 하지만 마지막 안전지대 같은 느낌도 있다. 어쩌면 캠프, 셸터의 의미와도 맞물린다. 잠시 안전한 곳. 영원히 머무를 공간이 될 수는 없지만 잠시 숨을 고르는 곳. 태풍의 눈을 빠져나오며 어딘가 나만 혼자 안전한 곳으로 도망치는 것 같은 기분이 들었다.

긴 여정이 끝나고 집으로 돌아가는 길. 돌아갈 곳이 있다는 마음이 계속 어딘가 불편한 감정으로 남는다. 돌아가서도 이곳을 그리워하는 마음으로 이야기를 잘 그러모으고 싶다. 그것은 아마 집을 잃은 사람들이 집으로 돌아가는 긴 이야기가 될 것이다. 비행기가 이륙하자 저 멀리 마을과 강이 보인다. 콕스바자르에서의 마지막 풍경 속에 가려진 난민 캠프의 모습을 떠올린다.

콕스바자르에서 출발한 비행기는 곧 다카에 도착했다. 다카 공항에서 국제선으로 환승하기 전에 주변을 둘러보니 탑승구에 똑같은 주황색 모자를 쓴 남성들이 많이 보였다. 이주노동자 비자로 어딘가로 일하러 떠나는 사람들이었다. 들뜨고 설레어 하는 모습으로 비행기 안에서도 계속 돌아다니며 창밖 사진을 찍고 창문 앞에서 기념 사진을 찍어서 승무원의 주의를 받았다. 이들 중 몇 명은 나와 함께 한국에 도착할 것이고 그곳에서 이주노동자가 되어 고향에 돈을 부치겠지. 앞으로 펼쳐질 이들의 여정에 행운이 깃들길 빌었다. 앗살라무 알라이쿰(당신에게 평화를)!
며칠 전 샨티카나를 나오며 로힝야 아푸들과 다 같이 내가 한국에서 책에 끼워 온 봄꽃을 돌려보았다. 향기가 옅어지고 갈색으로 변한 꽃잎에 모두 코를 대어보는 모습이 귀여웠다. 이들은 꽃내음을 깊이 들이마시며 나에게 두 손으로 쿠시(행복)를 보내주었다. 쿠시! 쿠시! 아푸들이 두 손으로 끊임없이 보내준 쿠시가 나와 함께 집으로 간다.

85

전솔비

문해교육 관찰 기록 :   글자   앉은 마음
                      앞에

"티 아이 티, 더블 에스 유 이 슈, 티, 슈, 티슈."
문해교육 시간이 되면 샨티카나의 트레이닝 룸은 영어를 배우기 위해 모인 서른 명 남짓한 로힝야 아푸들과 수용공동체에서 찾아온 몇몇 방글라데시 여성들로 북적거린다. 이들이 배우는 단어는 주로 일상 생활과 관련된 것들이다. 오늘의 칠판에는 facial tissue, hand towel tissue, toilet tissue, 이렇게 세 단어가 적혀 있다. 며칠 전에 배운 tissue에서 더 나아가 용도에 따라 세분화된 화장지의 종류를 배우는 날이다. 얼굴을 닦는 고급 화장지, 손을 닦는 화장지, 화장실에서 쓰는 화장지. 사실 '화장지' 라는 단어만 알아도 생활하는 데 큰 불편함은 없다. 하지만 조금씩 다르게 생긴 화장지마다 각각의 이름이 있다는 사실이 중요했다. 비슷하게 생긴 얼굴들에도 각기 다른 이름이 있듯이 가리키는 것마다 이름이 있고 자신이 그것을 읽을 수 있다는 사실을 알아가는 아푸들의 얼굴은 상기되어 있었다.
"티 오 아이 토이, 엘 이 티 렛, 토이렛, 티 아이 티, 더블 에스 유 이 슈, 티슈, 토이렛 티슈." 문해교육 선생님인 방글라데시 직원 지니아가 영단어 발음을 음절 단위로 잘라서 하나씩 천천히 알려준다. t와 i가 붙으면 '티', s 두 개와 u, e 가 붙으면 '슈', 그래서 '티슈'. 각기 다른 목소리가 함께 크게 티슈를 외친다. "티슈", "티이슈우", "티슈우", "팃슈", "티슈우우"… 지니아는 눈썰미 좋은 선생님이어서 뒷줄에서 웅얼웅얼 대충 따라하는 사람이 보이면 일어나 혼자 읽어보게 하고 잘 하지 못하면 앞줄로 이동시켰다. "티 아이 티이, 더블 에스 유 이… 스으…"

일어선 누군가가 읽다가 뜸을 들이자 어디선가 참지 못하고
"슈!" 하고 외치는 소리가 들린다. 지니아는 소리가 난 쪽을 향해
살짝 눈을 흘기고 여기저기선 킥킥대는 웃음 소리가 튀어나온다.
어떤 아푸는 자신이 먼저 손들고 일어나 선생님이 가르쳐준
발음 그대로 빠르고 완벽하게 읽은 뒤 뿌듯한 표정으로 자리에
앉기도 한다.
그리고 맨 뒷줄에는 갓난아기를 안은 아푸들이 앉아 있다.
태어난 지 일 년 남짓 되어 보이는 아기들은 알파벳을 읽는
소리를 자장가 삼아 잠들어 있다. 가끔 깨서 울고 모유로 배를
채우고 다시 선풍기 바람에 잠들기를 반복한다. 한 손에는
아기를 안고 한 손으로는 부채질을 하고 두 눈으로는 공책과
칠판을 번갈아 보며 입을 움직이는 제일 바쁜 학생들이 맨
뒷줄에 있다. 지니아는 잘하는 사람들을 계속해서 뒤쪽으로
적절히 섞어 보내며 모두가 단어를 습득할 수 있게 한다. 옆
사람에게 물어보며, 앞 사람을 눈치껏 따라 읽으며, 열정적인
학생들은 새로운 단어를 오늘 세 개나 배우고 있다. 페이셔 티슈!
핸드 타워 티슈! 토이렛 티슈!
방글라데시 로힝야 난민 캠프 안에서 지내는 동안 가장 관심
있게 관찰했던 것 중 하나가 캠프14의 여성들이 '읽고 쓰기'를
배우는 과정이었다. 여성의 비문해율이 90퍼센트에 달하는
로힝야 언어 문화가 난민 캠프라는 환경을 거치며 변화하고
있다는 이야기를 처음 들었을 때부터 캠프에 꼭 가보고 싶다고
생각했다. 줄곧 '목소리 없는', '말할 수 없는' 사람들이라고

로힝야 여성들을 호명해온 나의 글들이 다시 내게 묻고 있었다. 이들이 읽고 쓸 수 있게 되어 목소리를 내고 자신의 이야기를 쓰는 세계가 다가온다면, 그래서 내가 쓴 문장들이 의미 없어진다면, 그것이야말로 내 글의 궁극적인 의미이자 몫이 될 수 있지 않을까?

또한 다른 이의 이야기를 쓴다는 것에 대한 그간의 부채감, 부담감, 아쉬움 등이 그곳에 가면 조금 덜해지지 않을까 하는 기대도 있었던 것 같다. 그녀들이 자신의 이야기를 시작하는 첫 걸음을 목격하면서, 나는 누군가의 이야기를 대신하고 있는 것이 아니라 그녀들과 함께 살아가는 나의 세계를 충실히 기록하고 있을 뿐이라는 점을 확인하고 싶었는지도 모른다. 이것은 나 혼자 쓰는 이야기가 아닌 것이다. 로힝야 여성들은 자신들의 이야기를 쓸 것이고 나는 그녀들이 이야기를 시작하기까지의 시간을 충실히 기록하고 기억하는 사람이 되고 싶었다.

샨티카나에서 다른 활동을 하다가도 트레이닝 룸에서 알파벳 읽는 소리가 들리면 귀를 쫑긋하고 가만히 글 읽는 소리를 듣곤 했다. 캠프는 닭이 우는 소리와 개가 짖는 소리, 아이들이 뛰어다니는 발소리와 슬리퍼 끄는 소리, 어딘가에서 집을 고치는 망치질 소리와 새의 울음 소리, 그리고 조금 더 귀를 기울이면 들리는 바람 소리, 바람에 흔들리는 나뭇잎 소리 등으로 가득 차 있다. 다양한 생의 외침이 밀도 높게 쌓여가는 캠프 안에서 에이치 더블유 오, 하우, 에이 알 이, 아, 와이 오 유, 유, 하와유 하우 아 유, 하와유, 같은 아푸들의 발음 소리는 유난히도

선명하게 들려왔다.

 문해교육을 하며 지니아가 "how are you"를 차근차근 알려주는 소리가 들린다. "에이치 오 더블유, 하우, 에이 알 이, 알, 하우 알, 와이 오 유, 유, 하우아유." 한 여성이 따라하는 동안 나머지 여성들은 연습을 한다. 건물 바깥에서는 빗소리와 천둥 소리가 낮게 들려온다.

캠프 곳곳을 걷다 보면 여기저기서 로힝야어, 미얀마어, 치타고니아어(방글라데시 치타공 지역에서 사용되는 인도아리아어), 방글라데시어, 영어가 뒤섞인 목소리들이 들린다. 콕스바자르의 로힝야 사람들은 제노사이드 이전 미얀마에 살 당시에도 수년간의 교육 제한으로 인해 많은 이들이 공식적인 정규 교육을 받지 못했다. 구술 언어로는 여러 개의 언어를 사용하지만 이를 받아적을 통일된 문자 언어를 갖고 있지 않다. 그래서 로힝야 문화나 역사를 기록하는 과정에는 많은 어려움이 있다.

캠프18 내에는 로힝야의 예술과 공예, 문화를 기록해둔 박물관 같은 로힝야문화센터가 있는데 대부분 캠프에 온 난민들의 기억을 통해 재현한 것이다. 제노사이드 과정에서 로힝야 사람들이 살던 여러 마을에서 잔인한 사건들이 많이 발생했는데, 이에 대한 당사자들의 증언을 수집할 때에도 로힝야어를 방글라데시어로, 다시 영어로 통역하며 수차례 번역을 거치는 방식으로 채록하고 있다. 그 과정에서 많은 의미나 세부 사항이 휘발된다.

심지어 방글라데시 정부는 로힝야 난민들이 방글라데시에
정착하는 것을 우려하기 때문에 방글라데시어를 배우는 것을
법적으로 금지하고 있다. 그래서 캠프 내에서는 시각적인
메시지를 전달하는 그림들을 자주 볼 수 있다. 젠더, 나이, 교육
수준을 넘어서 이미지를 읽어내는 능력은 크게 차이가 나지
않기에 그림으로 보건의료 관련 정보들을 제공하는 경우가 많은
것이다.
하지만 난민 캠프 바깥 세상과 소통하기 위해, 그리고 NGO
단체에서 일하기 위해 많은 캠프 안의 로힝야 사람들이 영어를
배우고 싶어 한다. 그래서 캠프14 샨티카나의 로힝야 여성들도
무엇보다 영어 수업에 열정적이고, 영어를 하는 자신을
자랑스러워한다. 최근에는 샨티카나에서 로힝야어를 영어
알파벳으로 음차표기하여 여성들이 읽을 수 있도록 교육하고
있다.
로힝야 문자 언어가 없다는 사실과 지속적으로 제노사이드의
위협을 받고 있다는 사실의 중첩된 지대 안에는 유난히 높은
여성들의 비문해율이라는 현실이 있다. 로힝야 커뮤니티에서도
난민 캠프 내부에서도 그러한데, 이는 보수적이고 가부장적인
로힝야 문화 탓이 크다. 과거부터 교육을 받을 기회가 많지
않던 여성들은 난민 캠프 안에서도 자기 이름을 쓰지 못하고
글자를 읽지 못해서 많은 불편함을 겪곤 한다. NGO 단체로부터
식량이나 생필품을 배급받으려면 서명을 해야 하는데 이를 이웃
남성에게 부탁하는 과정에서 부당한 요구를 받거나 돈을 줘야

할 때도 있다.
그런데 아이러니하게도 폐쇄적인 로힝야 커뮤니티가 전쟁과 난민 캠프로 이동하는 상황으로 인해 오히려 견고한 문화적 관습과 규율 등이 깨지는 상황이 발생했다. 이를테면 원래 로힝야 여성은 자신의 집 울타리 바깥으로 나가지 못했었는데, 캠프의 셸터에서는 울타리나 마당과 같은 공간을 확보할 수 없기 때문에 문 바깥이 바로 이웃과 만나는 세계가 되는 것이다. 그렇게 자신의 문화 바깥의 세상과 접촉할 기회를 얻고 가부장적인 가족 제도 바깥에서 배움과 성장의 기회를 얻는 여성들이 생겨나고 있다. 이를 난민이 감당해야 하는 수많은 어둠 속에서 한 줄기 빛과도 같다고 말해도 될까.
물론 여전히 많은 여성들이 캠프 안에서 가정 폭력과 보수적인 문화 안에 억눌려 있다. 샨티카나에서 PSS, 즉 심리지원단으로 교육받은 소수의 여성들이 가장 먼저 큰 변화를 경험했고 샨티카나에 찾아오는 여성들에게 자신의 변화를 공유했다. 호숫가에 물결이 퍼지듯 잔잔한 변화가 캠프 내에 번져가고 있다. 내가 문해교육 시간에 본 로힝야 아푸들도 들뜬 표정으로 알파벳을 읽고 쓰며 행복해 보였다. 영어를 배워 당당해진 여성들은 샨티카나 NGO 단체에서 일하게 되면서 가장이 되고 가정 내에서 목소리를 낼 수 있게 된다.
어느새 알파벳을 읽는 소리가 사그라들었다. 이제 읽기 시간이 끝난 것이다. 지니아가 받아쓰기 수업을 시작했다. 로힝야 아푸들이 둥글게 모여 앉아 각자 노트를 펼치고 방금 배운

단어들을 한 글자씩 따라 쓴다. 글자를 따라 읽고 따라 쓰는
뒷모습들을 가만히 바라보던 그날의 풍경이 여전히 눈앞에
아른거린다. 히잡 사이로 풍기던 시큼한 땀냄새와 머리 위로
부는 더운 선풍기 바람, 끈적한 장판 위를 지나가던 작은 개미들,
앞자리에 앉은 여성의 옷자락 사이에 삐죽 튀어나온 발바닥,
삐뚤빼뚤하지만 정성스럽게 써내려간 글자들이 적힌 공책,
공부방 입구에 어지럽게 흩어진 색색의 슬리퍼들.
한국에 돌아와 이 뜨거운 풍경을 떠올릴 때마다 나는 읽고 쓰는
행위의 의미를 되새긴다. 손에 적절한 힘을 주고, 손가락으로
필기도구를 감싼 뒤, 알맞은 힘으로 연필 끝을 종이에 붙였다
떼는 필기의 동작이 얼마나 긴 시간의 연습을 필요로 했었는지
떠올려보는 것이다. 수없이 미끄러지던 연필을 붙잡으려 애쓰던
간절함과 처음 내 이름을 쓰던 순간의 기쁨은 이미 까마득히
사라진 지 오래이다. 지금의 나는 연습이 필요 없어지고
무의식적으로 글자를 쓰는 순간부터 글쓰기가 정말 어려운
일이 된다는 사실을 알 뿐이다. 어쩌면 글쓰기가 필기 행위의
분절된 동작들을 연속시키는 긴 과정으로부터 의식적으로
멀어지는 연습에서 시작된다는 사실을 잊는 순간부터, '무엇을
쓸 것인가'에 대한 고민이 시작되는 것일지도 모르겠다.
한 획 한 획 꾹꾹 눌러서 글자를 쓰는 누군가의 손을 오랫동안
응시하던 날, 나는 글자 앞에 앉은 마음에 대해 생각했다. 알 수
없는 기호를 보듯, 알 수 없는 표정의 얼굴을 보듯, 망망대해를
떠다니는 해초를 보듯 글자 앞에서 무겁게 가라앉던 어깨에

조금씩 힘이 들어가고 목소리가 조금 더 커지고 연필을 잡은
손이 조금 더 단단해지는 하루하루를 보며. 글자 앞에 앉고 싶은
마음이 글자를 지우고 싶은 마음으로 번져가는 것을 목격한다.
로힝야 캠프의 여성들은 머지 않은 미래에 다른 사람에 의해
쓰인 것을 지우고 자신의 글자를 다시 써내려갈 것이다. 그리고
아푸들이 다시 쓴 이야기 아래 어딘가에 나의 글이 흔적처럼
남아 있길 바란다.

...IAL TISSUE
HAND TOWEL TISSUE
TOILET
Facial

A B C D E F G H

오로민경

**예술 워크숍 기록 :   사바와
                            휠**

로힝야 난민 캠프로 떠나기 한 달 전쯤, 전생에 관한 꿈을 꾸었다. 나는 하얀 댕기머리를 한 남자아이였고 아버지는 나무꾼이었다. 마을 학살이 있었는데 군인으로 추정되는 사람들이 나타나 온 마을을 불태웠다. 그들은 나의 부모님을 죽이고 불에 태웠다. 나는 숨어서 그 장면을 목격했고 숲속으로 도망갔다. 동굴 같은 곳에 숨어 몇날 며칠 아무것도 못 하고 누워만 있었다. 결국 굶주린 채로 혼자 그곳에서 죽었다. 차가운 바닥에서 혼자 죽어가는 것이 너무 외로웠고, 불에 타 죽어가는 부모님의 얼굴이 떠올라 마음이 찢어질 듯 아팠다. 꿈에서 깬 나는 생생하게 밀려오는 고통으로 가슴이 메여, 그 후 몇 주간은 속절없이 눈물을 흘렸다.
로힝야 난민 캠프에 있는 이들도 모두들 이와 같은 고통을 경험했을 것이다. 얼마 전 겪은 과거처럼 생생한 꿈과 같이 내 무의식 속 어둠과 로힝야 캠프로 이주한 이들의 어둠이 포개지는 듯한 느낌을 받았다.
2020년 처음 아디와의 협업을 시작할 때 들었던 로힝야 캠프의 이야기 중 특히 인상적으로 다가왔던 것 중 하나는 어둠과 빛에 관한 이야기였다. 전기 없이 임시로 지어진 로힝야 난민들의 셸터는 한낮에 들어가도 깜깜한 어둠이라는 이야기. 그리고 반대로 콕스바자르의 강렬한 빛과 자연에서 강인한 생명력을 느꼈다는 활동가 조이의 이야기. 그곳에 살고 있는 이들의 강한 삶의 에너지를, 환한 빛 아래 깜깜한 어둠 속에 있는 사람들의 모습을 어렴풋이 떠올렸다. 아무리 어두운 순간에도 삶은

계속되고 있다는 어떤 역동이 중요한 메시지처럼 내게 도착한
것만 같았다. 우리에게 주어진 '어둠이라는 빛'에 대한 고민이
이어졌다.
그리고 2021년 미얀마 쿠데타가 발생한 봄에 쌍둥이 동생의
임신 소식을 들었다. 로힝야 사람들이 당했던 학살의 폭력이
다시 미얀마의 여러 사람들에게 겨눠지고 있던 시기, 동생은
내게 아기의 초음파 영상을 보내주었다. 나는 검은 화면
속에서 쿵쾅쿵쾅 뛰는 심장박동 소리를 들었고, 어둠 속에서
꿈틀거리는 작은 생명체를 보았다. 엄마의 뱃속이라는 검은
어둠은 아이에게 포근한 막이 되어주고 있겠지? 어둠 안에도
여러 종류의 빛이 있음을 떠올렸다.
나는 빛의 일부인 어둠에 대한 이야기를 로힝야 난민캠프의
샨티카나 PSS 여성들과 나누고 싶었다. 그렇게 솔비와 함께
그림자와 빛에 관한 두 가지 워크숍을 준비할 수 있었다. 하나는
손으로 그림자 놀이를 함께 해보는 '그림자의 빛', 또 다른
하나는 '카메라 옵스큐라' 워크숍이다. 두 워크숍의 내용은 빛과
그림자를 통해 여성들이 자신의 마음을 보도록 돕는 샨티카나의
동화책에서 많은 영감을 받았다.
샨티카나의 총 여섯 개 힐링 공간들 중 세 번째 공간인 마인드
존에 들어가면 PSS 아푸들은 방문객에게 '밝은 마음, 어두운
마음'이라는 제목의 동화책을 읽어준다. 이 책은 우리 안에
어두운 마음과 밝은 마음이 공존하고 있음을 알려주며, 어두운
마음에서 밝은 마음으로 이동할 수 있게 도와주는 내용을

담고 있다. 상처를 남긴 과거의 기억으로 인해 우리가 어두운
마음이라는 작은 상자 안에 갇혀 있다고 하더라도, 그 상자의
문을 열고 나가면 아주 넓고 밝은 마음의 세상이 밖에 펼쳐져
있다고 동화는 말한다. 그리고 어두운 마음에서 밝은 마음으로
나가는 방법으로 호흡, 나를 사랑하는 법, 긍정적인 생각 활동을
알려준다. 미얀마에서의 고통을 안고 있는 여성들은 이곳에서
어두움과 밝음에 대해 이야기하다 보면 과거의 기억이 더 이상
떠오르지 않는다고 한다.
이곳에서 여성들은 과거의 어둠으로부터 벗어날 수 있는 마음의
근력을 얻는다. 실제로 아디에서는 매해 여성들의 회복탄력성
지수를 체크하는데, 2022년부터 2023년까지 캠프14와 하킴파라
지역에서 안정적이고 높은 회복탄력성을 가진 여성 수는
102명으로 전체표본의 83%(2022년 기준)에 해당한다.
워크숍 첫날은 '그림자의 빛' 워크숍을 진행했다. 먼저
샨티카나에서 프로젝션에 쓰는 천을 벽면에 매달고, 손전등의
빛이 천을 향하도록 설치했다. 손전등 앞에서 손을 움직이면,
벽면 천에 손 그림자가 맺히는 작은 무대가 만들어졌다. 작은
빛과 천 하나로도 충분한 워크숍 공간이 준비되자, 여성들이
둥글게 둘러앉았다. 로힝야어로 그림자는 '사바', 빛은 '휠'이라고
한다. 샨티카나 여성들에게 익숙한 마인드 존 활동의 느낌을
질문하며, 사바와 휠이 함께 존재하고 있음에 대한 이야기를
꺼내보았다.
"그림자의 색은 어둡지만, 밝은 마음이 다시 이 안과 밖에

존재하고 있어요. 해가 뜨면 밝은 빛이 생기고 해가 지면 어둠이
밀려옵니다. 다시 해가 지면 밤이 찾아오고, 또다시 해가 뜨면
낮이 찾아오는 것처럼 어둠과 밝음은 순환 속에 있어요."
처음에는 여성들이 둘씩 짝을 지어 서로의 손 그림자로 인사를
하고 위로하는 동작을 나누고, 다시 인사를 하는 시퀀스
만들기를 제안했다. 손과 손이 꼭 닿지 않아도 빛과 손 사이의
거리를 조절하면 손 그림자끼리 닿을 수 있다는 점을 설명했고
아푸들 모두 기대 이상 적극적으로 그림자 손짓을 만들어냈다.
태양을 상징하는 손가락 모양으로 춤을 추거나, 함께 물결을
만들거나, 강아지와 뱀 같은 동물 형상을 만들며 무척 신나했다.
나중에는 5~6명씩 그룹으로 손가락 그림자 춤을 함께 추는
세리머니를 제안했다. 다들 신이 나서 점점 아수라장이 되었지만,
왁자지껄한 가운데 손짓과 노래의 시간이 이어졌다. 아푸들의
손들이 날개처럼 물결처럼 너울거리고 자유롭게 우르르 소리,
"헤레레레" 노래 소리, "레지리안 레지리안~" 하는 목소리,
장난끼 어린 파동이 이어지기도 했다.(나중에 비바에게 들으니,
수업 때 배운 '레질리언스(회복탄력성)' 라는 단어를 외치는
것이었다.) 여럿이 손을 모아 꽃을 만들어내기도 하고, 손과 손을
맞댄 작은 산들이 큰 산의 풍경을 펼쳐냈다.
눈앞에서 여러 겹의 그림자 태양과 물결이 일렁이는 따뜻하고
유쾌한 시간이었다. 한국에서라면 당연한 전자 제품 하나 없는
이곳에서 그림자 놀이는 우리만의 영화를 한 편 스크린에
상영해낸 것만 같은 기분을 주었다.

둘째 날은 카메라가 발명된 원리에 대해 사유하며 준비한
'카메라 옵스큐라' 워크숍을 진행했다. 종이 교구 '카메라
옵스큐라'로 샨티카나의 공간들을 살펴보고, 다시 핸드폰으로
그 장면을 촬영하는 워크숍이었다. 카메라 옵스큐라는 라틴어로
'어두운 방'을 뜻한다. 어두운 방에 작은 구멍의 빛 하나로 구멍
밖에 보이는 풍경의 상을 어둠 속에 다시 맺히게 하는 것이
카메라의 원리이다. 기원전 5세기경 춘추전국시대의 철학가
묵자는 빛의 이러한 속성을 보고, 빛이 그림을 그리는 닫힌
보물방을 알아냈다고 한다. 최초의 카메라에 대한 묘사이다.
그리고 닫힌 보물방에서 보물을 만나기 위해 어둠은 필수이다.

→ 〈코스모스_5부_빛의 뒤에서〉 (2014)
　　내셔널 지오그래픽 채널 다큐멘터리

나는 어둠의 색이 단지 무섭고
우울한 것이 아니라, 우리가
무언가를 보기 위해서 필연적으로 필요한 상태임을 공유하고
싶었다. 나아가 그동안 샨티카나의 여성들은 피해자로서
인터뷰나 촬영의 대상이 되는 경우가 많았기에, 반대로
적극적으로 그들이 이 공간과 사람들을 보고 찍을 수 있는
카메라를 들고 다니는 활동을 함께하며, 이를 통해 기록 행위의
주체가 되는 경험을 나누고자 했다.
워크숍은 한국에서 과학 교재 키트로 판매하는 종이 카메라
옵스큐라를 조립하여 진행할 수 있었다. 솔비와 주말 동안
각 조별로 쓸 카메라를 조립해 왔다. 5~6명씩 8조로 나누어
샨티카나 공간을 이 종이 카메라로 둘러보고 마음에 드는
장소나 순간에 맺힌 상을 핸드폰 사진기로 다시 찍기로 했다.

웨이팅 존, 주방 창문, 정원의 여러 풍경과 님나무, 경비로 있는
사이누르와 비바가 아푸들의 사진에 담겼다. 아푸들은 종이
카메라에 상이 거꾸로 맺히는 점을 특히 흥미로워했다.
나도 카메라를 들고, 카메라를 들고 있는 아푸들을 영상에
담았다. 어리고 호기심 많은 파티마는 더욱더 적극적으로 풍경을
관찰했는데, 그런 파티마를 찍다가 눈이 마주쳤다. 파티마의
종이 카메라가 나를 향했고 서로의 눈이 서로에게 향했다.
우리는 입에서 새어나오는 웃음을 흘리며, 한참 서로를 바라보고
서로의 시간을 각자의 카메라에 담았다.
그제서야 내 손에 쥔 카메라의 자리에 대해서도 안도하는
마음이 들었다. 캠프를 기록한다는 임무로 도착한 이후부터
고민하던 일 중 하나는 이곳에서 큰 카메라를 쥐고 있는 이의
태도에 관한 것이었다. 나의 임무를 떠올리면 매 순간 보고
있는 모든 것들을 다 기록해두어야 하지 않을까 하는 조바심이
들다가도, 누군가의 삶 속에 쉽게 렌즈를 들이대기
어려운 마음이 있었기 때문이다.
그 고민은 특히나 캠프의 펜스 밖에 서 있을 때 더 심했다. 펜스
밖에서 펜스 안을 봐야 할 때, 펜스 안의 아이들이 해맑게 How
are you, Bye Bye를 외치는 그 순간에 같이 웃으며 대답을
하면서도 '과연 웃어도 되는 것일까?' 하고 복잡한 감정이 드는
순간은 끊임없었다. 어떤 마음가짐으로 카메라의 셔터를 누를
때 내 마음이, 내 시선과 이 기록이 옳았다고 느낄 것인가?
너무 뻔한 이야기지만 누군가의 삶의 터전에 깊숙히 들어오게

되었다면, 최소한 서로의 존재를 인지하고 기다려낼 시간이 필요하다고 느꼈다. 그리고 '카메라'라는 미디어는 한 사람이 한 사람을 일방적으로 찍는 것이 아니라, 함께 보고 싶은 공간을 공유하고 있을 때 비로소 한 공간 안의 존재를 서로 만나게 해주는 관계적인 도구가 된다는 것을 깨달았다. 그림자와 빛의 교환으로 카메라에 상이 담기는 것처럼, '우리'라는 관계 속에서 생겨나는 자리를 찾아갈 때 그 상을 제대로 담고 기록할 수 있는 것이 아닐까?

나는 이런 생각들을 하며 비로소 카메라를 들고 정원을 찍는 아푸의 뒤에서 셔터를 누를 수 있었다.

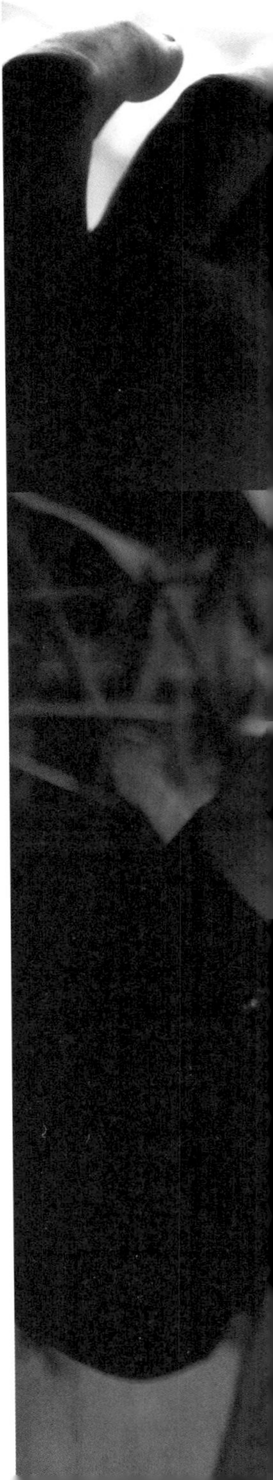

오로민경

샨티카나의 정원 :　　빛과　　　　물결치는 순간들
　　　　　　　　그림자가

샨티카나 공간 가운데에는 정원이 있다. 정원에는 샨티카나 모든 아푸들이 공동으로 관리하는 식물도 있고, 주인이 따로 있는 것도 있다. 세 명의 PSS와 두 명의 경비가 물과 비료를 주고 토양을 관리하면서 정원을 돌본다. 여러 효능을 가진 허브 나무의 혜택을 방문객들과 나누기도 한다.

어느 날 방글라데시 직원 루미가 식물들을 궁금해하는 나에게 하나하나 이름을 알려주었다. 히비스커스, 파파야, 구아바, 레몬, 헤나, 님, 메리골드, 로스꽃, 롱곤(강황) 등. 이 중에 님이나 롱곤 같은 식물은 약재로 사용할 수 있고, 파파야 같은 나무는 열매를 먹을 수 있다. 땅과 빛, 자라나는 식물, 꽃과 열매가 가까이 있다는 것만으로도 샨티카나 공간은 아름답고 따스한 자리로 변할 수 있었다.

한국에 돌아와 샨티카나의 경험을 공유하는 자리에서 정원을 소개하는 영상을 사람들과 함께 보았다. 영상이 끝나자 샨티카나를 처음 만들었던 별빛 님이 이곳의 님나무가 자라난 것을 보고 세월을 느꼈다고 말해주었다.

강렬한 빛이 내리쬐는 날이면, 이 식물들의 실루엣이 만들어낸 그림자가 샨티카나의 정원 바닥에 물결친다. 자연의 그림자가 우리가 사는 몸과 주거 공간에 닿을 때, 나는 꼭 어떤 존재들이 서로를 포옹하듯 보살피는 손길을 건네고 있다는 느낌을 받는다. 이 그림자의 빛이야말로 따뜻한 어둠의 색이며, 우리에게 매일 선물처럼 떨어지는 아름다움 같았다.

샨티카나 건물 앞의 큰 나무, 샨티카나 정원 안의 님나무가 건물

높이의 위치에서 가지와 나뭇잎으로 파동을 만들며 강렬한 빛을
가려주고 아름다운 형상들로 말을 걸었다. 식물들이 바람으로
운동을 한다는 말을 친구에게서 들었던 것이 기억났다.
그리고 또 다른 친구는 식물들이 서로 대화를 할 때 바람을
만들어낸다고도 알려주었다. 선풍기도 없는 뜨거운 여름의
캠프에서 바람은 정말 소중하다. 바타시, 바타시(바람, 바람).
나무가 바람을 만들어준다. 비바 님과 셸터를 함께 돌아다니며
여성들을 인터뷰할 때, 캠프에서 제일 행복한 순간이 언제인지
물었더니 다들 한결같이 셸터 안으로 바람이 불 때라고 답했다.
솔비가 먼저 한국으로 떠나고 뒤늦게 카메라 사용을 허가받은
시기에 나는 이 따뜻한 어둠의 빛들을 계속 카메라에 담고자
노력했다. 그런데 막상 기기를 자유롭게 사용할 수 있게 되자
무엇을 어떻게 찍어야 할지 고민이 들기도 했다. 그러다 문득
빛과 그림자의 풍경을 그림자의 풍경을 카메라로 응시하고
있으니, 아푸들과 아이들이 기웃거리며 나를 보고, 나와
카메라가 보고 있는 자리를 본다. "슌돌(예쁘다)"이라고 하며
내게 말을 건넨다. 그럼 나는 "베시 슌돌(정말 예뻐요)" 하고
대답한다. 맑고 큰 눈에 파란색 옷이 어울렸던 한 아푸의 아이가
내 곁에 계속 서성거렸다. 그 아푸와 얼굴이 너무 닮아 단번에
그녀의 아이인 줄 알아볼 수 있었다.
아름다운 곳을 바라보고 있는 카메라 앞에서는 '슌돌,
슌도리'라는 단어 하나만으로도 많은 대화가 시작되고 통할
수 있었다. '너 뭐해?'라는 눈빛으로 나를 바라보는 아이에게,

내가 찍고 있는 나무를 손가락으로 가리키면서 "슌도리(이것 봐, 예쁘지? 난 지금 아름다운 것을 담고 있어)"라고 말하며 눈빛을 보낸다. 아이는 미소지으며 내 곁에서 함께 나무를 보며 카메라를 본다. 그리고 내게 님나무의 잎사귀 저편을 가리키며 다시 말한다. "슌돌(여기도 아름다워, 찍어줄래?)". 나에게 본인이 감각하는 아름다운 장소들을 계속해서 전해준다. 그리고 말한다. "님가스(저건 님나무야)", "가스(가스가 나무야)". 나도 따라 말해본다. "가스(가스가 로힝야어로 나무구나)", "레몬가스(레몬나무)", "풀(꽃)". 우리는 그렇게 카메라를 두고 서로가 느끼는 아름다움을 나누며 공간들을 담았다.
더 많은 아이들이 조금씩조금씩 내 곁으로 모였다. 장난끼 가득한 소년들이지만, 반짝이며 흔들리는 잎과 꽃과 흙 위의 그림자를 함께 바라보는 시간에는 살랑이는 고요가 필요함을 알고 있는 듯했다. 물론 이방인인 나를 대하기가 조심스러워서일 수도 있지만, 함께 풍경을 응시하며 말을 거는 아이들의 목소리는 꼭 식물 곁에 흐르는 바람결처럼 가늘면서도 힘이 있었다. 간질, 간질, 우리를 에워싸는 풍경. 캠프 안에서 카메라에 아이들을 담는 것은 조심스러운 일이었지만, 아이들은 기꺼이 카메라를 잡고, 또 렌즈 앞에 서서 부끄러움과 장난끼 가득한 미소를 보였다. 경비를 하고 있는 사이누르가 끼어들어 아이들에게 여러 가지 그럴싸한 포즈들을 권했다. 나는 아이들 촬영이 괜찮은지 망설이면서도 이 순간의 즐거운 흐름을 함께하고 싶은 마음으로 기꺼이 그 순간을 담았다. 신기했다.

무언가를 담아야 한다는 책임감으로 카메라를 들 때는 나 스스로가 매 순간을 의도적으로 대하는 속이 까만 사람처럼 느껴졌었는데, 그저 내가 아름답다고 생각하는 곳을 향해 카메라를 드니 그냥 자연스럽게 그 풍경을 함께 볼 수 있게 되었고, 서로가 그것을 담아야 할 가치를 인정할 수 있었고, 잠깐이나마 순식간에 서로의 마음이 열렸다.

샨티카나의 식물들은 캠프에서 금세 더위를 먹게 하는 강한 빛의 힘 사이사이에, 움직이는 나뭇잎과 가지 들로 그림자를 만들어내며 우리 사이의 빛이 한층 부드럽게 다가올 수 있도록 도와주었다. 아이들이 이 아름다움을 안고, 갇혀 있지 않은 세계에서 더 많은 아름다움을 자유롭게 누리며 성장해나갈 수 있기를... 정원에 일렁이는 빛의 파동을 보며 잠시 아득한 꿈을 꾸었다.

다음 페이지에는 정원의 빛과 그림자가 물결치는 순간들이 기록되어 있다. 캠프에서 다시 한국으로 돌아가기 전, 샨티카나의 모든 업무들을 보살피며 관리하고 있는 RWWS의 직원 루미와 지니아에게 정원의 그림자를 빈 책의 페이지에 담아주길 제안했다.

전솔비

샨티카나의
　　　공간들

방글라데시 콕스바자르에 있는 수많은 난민 캠프 중 14번 캠프에는 아디가 만든 여성힐링센터 샨티카나(Shanti Khana)가 있다. 샨티카나는 '평화의 집'이라는 이름처럼 난민 여성들이 쉼과 돌봄을 경험할 수 있는 공간이다. 방문객들에게 심리사회지원 프로그램을 제공하는데, 찾아가는 힐링 프로그램, 분원 센터, 본원 센터, 이렇게 세 가지 형태로 운영된다. 찾아가는 프로그램은 샨티카나를 직접 방문하기 어려운 여성들의 셸터에 활동가들이 직접 찾아가는 것이다. 분원 센터는 본원 센터의 축약판으로 캠프의 다른 구역에 위치해 있는데 마찬가지로 샨티카나에서 너무 먼 곳에 사는 여성들이 이용한다. 마지막으로, 본원 센터인 샨티카나에서의 활동이 메인이라고 할 수 있는데 이곳은 일요일부터 목요일까지, 오전 9시 30분부터 오후 1시 30분까지 열려 있고(방글라데시는 금요일, 토요일이 법정공휴일이다), 운영 시간은 프로그램에 따라 변동되기도 한다. 이곳은 번잡한 캠프 생활 속에서 난민 여성들이 유일하게 자신만의 시간을 보낼 수 있는 곳이다.

이곳에 방문하는 여성들은 총 여섯 개의 공간 체험으로 구성된 힐링 프로그램을 이용할 수 있다. 보통 한 시간 이내로 진행되는데 센터 방문 및 이용 횟수에 따라 레벨 1에서 레벨 3까지 단계별 힐링 프로그램을 경험하게 된다. 방문 경험이 적은 1단계의 방문객은 각 존에서 PSS 여성과 일대일 관계로 프로그램을 경험한다. 하지만 방문 경험이 쌓이고 단계가 올라가면 함께 참여하는 다른 여성들과 파트너로 활동하게 된다.

이곳을 운영하는 PSS는 총 26명(당시에는 26명이었지만, 2023년 말 기준 총 30명이 되었다)으로, '아디'와 '사람들에게 평화를 심리사회지원교육원'에서 만든 교육 프로그램을 수료하고 이제 다른 여성들을 도와줄 수 있는 능력을 갖춘 활동가가 된 여성들이다. 이들은 월 단위로 여러 역할들을 교대하며 각자의 업무를 수행하고 일정한 임금을 받는다.

샨티카나에 방문하는 여성들이 제일 먼저 들어서는 공간은 웨이팅 룸이다. 이곳에서 방문객은 PSS로부터 따뜻한 말과 미소로 환대받고, 샨티카나의 목적, 장점, 운영 정보 등에 대한 설명을 듣는다. 그 후에는 힐링 프로그램에 참여하고 싶은지 질문을 받는다. 만약 참여하고 싶지 않다면 대인관계 공간으로 이동해 자유롭게 휴식을 취할 수 있다. 참여하고 싶다고 대답한 여성들은 먼저 웨이팅 룸 PSS 활동가들의 안내에 따라 자신의 정보를 등록한다. 샨티카나에서는 방문객 여성들의 이름, 주소, 나이 등을 수집하여 이들의 방문 횟수를 파악하고 적절한 프로그램을 제공할 수 있도록 하고 있다.

이제 당신은 이곳의 방문객으로서 힐링 프로그램에 참여하기로 한다. 천천히 샨티카나의 각 존을 경험해보자. 당신 곁에서 샨티카나에 온 것을 환영한다는 PSS 여성들의 따뜻한 목소리가 들린다.

"앗살라무 알라이쿰!"

<small>샨티카나 각 존의 설명은 샨티카나 운영 매뉴얼(방글라데시 로힝야 난민캠프 다목적 여성 힐링센터·MWHC 프로그램 운영 매뉴얼)을 참고했다.</small>

환대의 공간
Connection Zone

이곳에서 당신은 자신의 몸을 인지하는 시간을 가질 것이다. 이곳에 들어서면 한 여성이 다가와 당신의 키와 몸무게를 재준다. 그것은 나의 몸이 이 세계에서 차지하는 부피와 무게를 인지하게 하는 가장 기본적인 지표이다. 이곳을 반복해 방문하는 여성들은 키와 몸무게의 간단한 변화를 통해, 그간 돌보지 못한 자신의 몸에 관심을 갖게 되고 자신이 달라지고 있음을 인식할 수 있다. 누군가는 캠프에서 지내는 동안 키가 조금 커질 것이고, 누군가는 몸무게가 줄어들 것이고, 누군가는 허리 둘레가 늘어날 것이다. 작아지고 커지는 몸. 영원히 나갈 수 없을 것만 같은 공간에서도 시간은 계속 흐르고 자신도 끊임없이 달라지고 있음을, 작은 달라짐들이 모여서 회복과 치유라는 단어를 실현해냄을 배워가는 것이다.
가끔 생리통이나 두통이 있는 여성들은 이곳에서 열 치료나 운동, 호흡, 명상과 같은 간단한 이완 기술을 배우기도 한다. 나에게 몸이 있다는 것을 인지하며 이제 다음 공간으로 넘어간다.

몸 치유 공간
Body Zone

"우리는 손을 통해 사랑하는 사람들에게 옥시토신이라는 사랑의 호르몬을 전해줄 수 있다는 것을 알게 되었습니다. 우리가 경험했던 것들을 처음부터 끝까지 함께 해보려고 합니다. 어깨, 발, 뒤통수와 눈 부분, 귀 뒷부분과 귀 옆을 터치하고 에너지를 전달해보겠습니다. 우리가 함께 하는 이 터치들은 서로를 사랑하고 존경하는 마음으로부터 나오는 것이지만, 먼저 내 몸과 마음이 평화로운 것이 가장 중요합니다."(몸 치유 공간 샨티카나 운영 매뉴얼)

당신은 이제 바닥에 깔린 푹신한 매트 위에 누워 천장을 보고 눈을 감는다. 머리맡에 앉은 PSS 여성이 두 손을 비벼 손바닥을 따뜻하게 한 후 당신의 몸을 만져도 되는지 묻는다. 괜찮다고 대답하면 점차 손의 따뜻한 열기가 당신에게 천천히 다가오는 게 느껴진다. 여성의 두 손이 가볍게 어깨에 닿는 감촉이 느껴질 것이다. 잠시 후 여성은 당신의 발 아래쪽으로 이동해 당신의 발등을 살짝 만진다. 그러곤 다시 머리맡으로 이동해 두 손을 모아 당신의 머리 뒷부분을 받쳐준다. 머리에 힘을 풀고 그녀의 손에 나의 머리 무게를 실어본다. 여성의 손가락 끝부분이 당신의 뒤통수 아래 쏙 들어간 곳, 목이 시작되는 부분에 닿는다. 이곳은 우리가 생명을 위협받거나 극심한 스트레스를 경험하면 긴장이 쌓이는 부분이다.
이제 천천히 긴장이 완화된다. 잠시 후 당신의 눈 위에서 조금 떨어진 곳에 여성의 포개진 손이 떠 있다. 그녀의 손은 당신의 눈을 직접 만지지는 않는다. 손과 눈 사이에서 미세한 온기가 머무르는 공간이 남겨져 있다. 눈은 우리가 세상을 바라보는 통로이다. 이곳에 에너지가 전해지면 좀 더 정확하게 보고 이해할 수 있는 지혜를 얻을 수 있을 거라고 그녀는 말한다. 이어서 귀 뒤쪽 툭 튀어나온 뼈 바로 밑에 움푹 들어간 곳을 터치한다. 이곳을 만지면 슬프거나 화나거나 두려운 감정을 풀어주고 마음을 편안하게 만들어준다고 한다. 마지막으로 귀 옆에 양 손바닥을 펼쳐서 둥글게 구부린 다음, 에너지를 전달하는 그녀의 손이 당신의 몸에서 서서히 멀어진다.
이제 다시 눈을 뜬다. 환하게 웃는 얼굴. 사랑하는 마음과 손만 있으면 가족, 친구, 이웃에게 힘을 줄 수 있다는 목소리가 들려오는 것만 같다.

■

마음 치유 공간
Mind Zone

이곳에 들어서면 당신은 어릴 적 부모님이 동화책을 읽어주던 것처럼 아이가 된 기분으로 그림책 앞에 앉게 된다. 우리 안에는 밝은 마음과 어두운 마음, 이렇게 두 가지 유형의 마음이 있다는 것을 배운다. 알고 있지만 마치 새로 알게 되는 것처럼 아이가 된 기분으로 돌아가보면 어떨까. 나에게 마음이라는 것이 있다는 사실을 처음 알게 되었던 순간을 떠올려보자.

그림책을 읽어주는 PSS 여성들은 어두운 마음을 밝은 마음으로 바꾸는 방법을 알려준다. 이 책을 처음 읽었을 때의 경험과 해석을 덧붙이는 이야기는 읽어주는 사람에 따라 조금씩 달라진다. 당신은 어두운 마음이 있을 때 무엇을 해야 할지 생각하는 힘을 기르며, 우울감이나 슬픔에 잠식당하지 않고 대처하는 방법을 배운다.

회복탄력성이란 기분이 나빠질 때 그것을 극복하고 다시 행복해질 수 있는 힘을 말한다. 누구나 이런 힘을 가지고 있고 이 힘으로 자신을 통제할 수 있다. 가끔 슬프고 화가 나는 것은 너무나 자연스러운 일이다. 하지만 탄력성으로 인해 공을 통통 튕길 수 있는 것처럼, 우리는 회복탄력성으로 자신의 감정을 조절할 수 있다.

이곳에서는 기분이 나쁠 때, 슬플 때, 화가 날 때 할 수 있는 활동들을 배우기도 한다. 슬플 때 하는 활동 하나를 한번 배워보자. '타시 타시(Tashi Tashi)'라고 불리는 운동이다. 손바닥으로 팔 끝에서 다리 끝까지 온몸을 두드린다. 두드린 후에 움직임을 멈추고 호흡을 세 번 반복한다. 친구의 몸을 두드리며 함께 연습할 수도 있다. 타시 타시. 타시 타시. 이 외에도 빠르게 걷고 멈춰서 호흡하길 반복하는 운동, 머리에 두 손을 얹고 "나는 평화롭다"라고 외치며 호흡을 하는 운동 등이 있다. 실제로 샨티카나의 PSS 여성들은 자주 이 동작을 하며 자신의 감정을 스스로 다스린다.

몸과 마음 통합 치유 공간
Soul Zone

앞서 바디 존에서 몸의 긴장을 완화하고, 마인드 존에서 마음을 내려다보는 법을 배웠다면 소울 존에서는 몸과 마음을 맑게 하는 소울 싱크 명상을 하게 된다. 명상을 통해 몸과 마음을 통합하고 자기 자신을 받아들이는 과정이다. 이제 조용히 몸과 마음에 집중하며 호흡의 도움으로 내 영혼의 소리를 들어본다. 편안한 자세로 앉아 손바닥을 위로 향하게 하고 양 손을 허벅지 위에 올려놓자. 코로 숨을 들이쉬고 내쉬기를 반복하면 이제 준비가 된 것이다. 소울 싱크 명상에는 4단계가 있다.

(1단계)
1. 숨을 들이쉬고, 숨을 내쉽니다.
2. 숨을 들이쉬고 내쉴 때 엄지손가락이 둘째 손가락 끝에 닿게 합니다.
3. 숨을 들이쉬고 내쉴 때 엄지손가락이 셋째 손가락

끝에 닿게 합니다.
4. 숨을 들이쉬고 내쉴 때 엄지손가락이 넷째 손가락 끝에 닿게 합니다.
5. 숨을 들이쉬고 내쉴 때 엄지손가락이 다섯째 손가락 끝에 닿게 합니다.
6. 이 과정을 여덟 번 반복합니다. 손가락으로 수를 셉니다(한 번, 두 번, 세 번, 네 번).

(2단계)
1. 숨을 들이쉬고 내쉴 때 "음" 소리를 냅니다.
이 소리는 배의 경적과 벌들의 소리와 비슷합니다.
2. 소리는 머리에 울림이 느껴질 만큼 크게 냅니다. 그 소리에 집중합니다.
3. 소리를 낼 때마다 1단계처럼 엄지손가락이 다른 손가락 끝에 닿게 합니다.
4. 이번에도 마찬가지로 여덟 번 반복합니다.

(3단계)
1. 우리가 숨을 들이쉬고 내쉴 때 자연스럽게 숨을 멈추는 순간이 있습니다. 아주 짧은 멈춤입니다.
2. 그 멈추어지는 순간에 집중하세요.
3. 이번에도 손가락 끝으로 호흡을 셀 것입니다.
4. 이번에도 마찬가지로 여덟 번 반복합니다.

(4단계)
1. 이번에는 작게 "샨티(평화)"라고 소리를 내봅니다.
2. 숨을 들이쉬고 내쉴 때 자연스럽게 "샨티" 소리를 냅니다.
3. 천천히 여덟 번 반복합니다.

∎
함께하는 공간
Integral Zone

샨티카나의 공간에는 곳곳마다 그림이 눈에 띄게 많다. 비문해율이 높은 난민 캠프의 특성상 문자보다 그림으로 메시지를 전하는 경향이 높기도 하지만, 여성들이 프로그램에 참여해서 그리는 그림들이 점차 쌓여가는 흔적이기도 하다. 특히 그림으로 가득 찬 이곳은 모든 힐링 프로그램의 활동이 끝난 후 자신의 감정과 의견을 나누는 공간이다. 몸을 인지하고 마음을 들여다보고 몸을 이완하고 마음에 숨을 불어넣으며 느낀 감정, 생각, 좋은 점, 아쉬운 점들을 여성들이 솔직하게 표현할 수 있도록 그림 도구가 준비되어 있다. 누군가는 피어나는 꽃을 그리고 누군가는 파란 구름을 그린다. 솔솔 불어오는 바람을 그리는 사람도 있을 것이고, 그리운 고향 풍경을 그리는 사람도 있을 것이다. 말로 표현할 수 없거나 말로 표현하기 어려운, 혹은 말의 한계를 넘어서는 감정의 단편들이 선, 색, 점으로 종이 위에 무언가를 남긴다. 이곳에서 잠시 여성들의 그림을 살펴보며 남아 있는 감정을 만나고 당신의 마음을 그려보자.

■

대인관계 공간
Interperson Zone

이곳에서는 비교적 나이 든 여성들이 쉬고 있는 풍경을 마주한다. 마치 동네 사랑방처럼 근처 셸터의 여성들이 모여 수다를 떨거나 편히 누워 있는 공간이다. 아마도 좁은 셸터 안에 시부모와 남편, 아이, 혹은 친척들과도 함께 사는 여성들이 많을 테니 이곳은 여성들에게 답답한 히잡을 벗고 얼굴과 손, 발을 시원히 드러내고 부채질할 수 있는 자유로운 공간일 것이다. 이곳에는 아이돌봄존과 정원, 부엌이 있어서 여성들은 게임을 하고 간식을 먹고 대화를 나누고 편하게 침대에 눕거나 모유 수유를 하는 등 자신이 원하는 방식으로 쉰다. 종종 바늘과 실, 천을 이용해 파우치나 머리끈, 가방 등을 만드는 법을 배우는 간단한 생계 교육 프로그램이 이루어지기도 한다.

이제 여섯 개의 공간을 모두 둘러보았다. 샨티카나의 힐링 공간들은 마치 작은 학교 같기도, 따뜻한 마을 같기도, 커다란 우주 같기도 하다. 결국 나의 몸이 마음을 변화시키고, 나의 마음이 몸을 변화시킬 것이라고 믿는 여성들의 과거와 현재가 모여 미래를 만들어나간다.

춤추고 싶은데 집이 너무 좁아서
로힝야 난민 여성들의 집, '샨티카나'에 가다

초판 1쇄 2024년 6월 25일 펴냄
     2쇄 2024년 9월 1일 펴냄
지은이   공선주(별빛) 오로민경 이승지(비바) 이유경 전솔비
편집   헬북
디자인   들토끼들
펴낸이   박혜란
펴낸 곳   파시클 출판사
등록   2016년 10월 25일 제 2017-000153호
주소   경기도 고양시 일산동구 탄중로 398, 809동 701호
인쇄   상지사
ISBN   979-11-972356-7-2 (03330)

beonfascicles@naver.com
https://www.facebook.com/fascicles
https://x.com/fascicles_seoul
https://www.instagram.com/fascicles_seoul

이 책의 판권은 파시클 출판사에 있습니다.
출판사의 동의 없는 무단 전재 및 복제를 금합니다.

      이 책은 사단법인 아디가 2018년부터 수행하고 있는 "로힝야 난민 및 수용공동체 여성 심리사회 회복역량 강화사업"에서 출발하여 기획되었습니다. 그리고 국제 분쟁 지역에서 여성의 권익 향상을 위한 지지와 연대에 늘 함께해주시는 사단법인 선의 후원을 받았습니다. 여성들의 삶에 기록과 기억으로 연대할 수 있기를 바라며, 책 판매 수익금의 일부는 방글라데시 콕스바자르 로힝야 난민캠프의 캠프14 샨티카나 운영 기금으로 사용됩니다.

      이 도서는 2024 경기도 우수출판물 제작지원 사업 선정작입니다.

협업하며 동시대 소수자 운동의 현장에서 생산되는 말과 글을 관찰하고 기록하고 있다. 『난민, 난민화되는 삶』, 『생명연습』, 『입속의 협업자』를 함께 썼으며 《녹는 땅, 고인 기억》, 《캠프 사운드 커뮤니티》 외 다수의 전시를 만들었다.

- 각 장에 들어가는 사진은 그 장의 저자가(비바의 글은 아디에서) 찍은 사진입니다.

이유경

국제분쟁전문기자. 르포와 분쟁의 이면을 탐사하는 보도에
천착해 왔다. 언론의 독립성과 저널리즘이 훼손된 환경을
탐사보도 기반 정론으로 극복할 수 있다고 믿는다. 〈한겨레21〉,
〈시사인〉, 〈Neues Deutschland〉에 기고하였고 〈한국일보〉
기획 [세계의 분쟁지역]에 다양한 국제분쟁 현안을 연재했다.
저서 및 역서로는 『로힝야 제노사이드』, 『아시아의 낯선 희망들』,
『봄의 혁명 : 새로운 미얀마를 향한 담대한 행보』(공저), 『누가
무장단체를 만드는가』가 있다.

전솔비

독립 기획자이자 연구자. 우연과 상상으로 현실을 작동시키는
이야기의 힘을 믿는다. 기억해야 할 이야기들을 만날 때 전시
혹은 책을 만든다. 경계와 타자의 문제를 고민하는 예술가들과

대해 질문하고 있다. 들리지 않을 수도 있는 소리를 듣고자
노력하며 다양한 공간, 사람들을 만나 여러 위치에서 협업하고
있다.《영인과 나비: 끝의 입자 연구소》,《폐허에서 온 사랑》,
《캠프 사운드 커뮤니티》 등의 전시,《연약한 기록들의 춤》 등의
공연을 만들었으며, 영화 [돌들이 말할때 까지] 의 음악 작업을
하였다.

이승지(비바)

인도적지원 활동가. 분쟁과 재난 속에서 문제를 겪고 있는
당사자들이 원하는 변화를 만들어 낼 수 있도록 연대하고
실천한다. 2017년도부터 NGO에서 인도적지원 업무를 시작했다.
2021년도부터는 사단법인 아디에서 PM으로서 '방글라데시
로힝야 난민 및 수용공동체 여성 심리사회적 회복역량강화
사업'를 맡아 관리하고 있다.

저자 소개

공선주(별빛)

인도적지원 활동가. 2016년 사단법인 아디를 공동 창립하고, 아시아의 분쟁 지역에서 분쟁과 여성, 인도적지원, 기억과 기록이라는 주제로 공동체 구축, 평화연대를 위한 활동을 하고 있다. 2009년 로힝야 난민캠프를 방문한 인연으로 2018년 로힝야 여성들을 마음으로 만나는 사업을 시작하고, 현재까지 총괄하고 있다. 우리의 활동은 '그 사람의 삶에 함께 하는 것이다'라는 생각으로 서로에게 따뜻한 지지와 응원이 되는 공동체를 만들고자 한다. 세상을 함께 바꾸기 위해 지역 운동으로서 국제개발협력과 인도적지원사업을 그리며 2006년부터 아시아의 여러 현장과 관계를 만들어 나가고 있다.

오로민경

다원예술 창작자. 누구에게나 떨어지는 한 낮의 빛, 흔들리는 잎의 작은 떨림들을 관찰하며 더 작은 힘이 할 수 있는 일에

방글라데시 로힝야 난민 캠프 다목적 여성 힐링센터(MWHC) 프로그램 운영 매뉴얼(로힝야어 음성 녹음본)

샨티카나의 마음 치유 공간에서 함께 읽는 책 『밝은 마음, 어두운 마음』

오늘날 라카인주로 불리는 '아라칸' 지역에 수백 년에서 길게는 천 년 넘게 뿌리내리며 살아온 토착민의 역사를 깡그리 무시한 왜곡된 프레임이자 제노사이드 프레임이다. 인도 경제학자이자 철학자인 아마르티야 센(Amartya Sen)이 2014년 하버드 대학 포럼에서 남긴 다음의 명언은 오늘 로힝야를 '벵갈리'로 호명하는 이들에게 일침을 가한다.
"로힝야가 버마로 이주한 게 아니다. 버마가 로힝야를 침략한 것이다." → The Slow Genocide of the Rohingya by Amartya Sen, 2014
https://youtu.be/ugHhAwARb98?feature=shared&t=439

판결도 눈여겨볼 만하다. 1960년 10월 27일 버마 대법원은
아라칸 무슬림(로힝야 지칭) 축출 명령에 제동을 걸었다.
'(버마)현지인 로힝야'와 '동파키스탄인(현 방글라데시)' 구분이
어려우니 일단 추방을 멈추라는 판결이었다. 버마처럼 많은 소수
종족이 거주하는 나라에는 아마도 버마어를 말하지 못하는
이들이 있을 것이고 관습도 버마와 다른 이들이 있을 것이라는
점을 인정하면서 그럼에도 그들은 이 나라 시민권자라는게
판결의 골자였다. 이 판결문을 다룬 언론 보도 제목은 명쾌하다.
"아라칸 무슬림 축출 명령 취소하라. 그들은 버마연방의
시민이다"였다. "버마연방에는 버마어를 하지 못하는
인종(races)이 존재한다. 이들은 버마와 관습도 다르다. 그럼에도
불구하고 그들도 이 나라의 정당한 시민권자들이다." → The Daily Guardian, Rangoon, 27th October 1960 / 모세 1972 보고서 참조
따지고 보면 15세기 이후 아라칸(오늘날 라카인)
거주민들은 (불교도, 무슬림 할 것 없이) 오늘날
방글라데시 땅 콕스바자르를 반복적으로 피난처 삼았다. 일부는
현지에 정착했고 일부는 아라칸으로 돌아오는 등 이 일대
이주 현상은 계속됐다. 그리고 우리 모두가 잘 아는 바대로
'콕스바자르 피난살이' 역사는 지금 이 시간에도 백만 명 가까운
로힝야 난민들의 삶으로 계속되고 있다.
따라서 "로힝야들이 방글라데시에서 미얀마로 불법 월경했다"를
골자로 한 주장은 본질적으로 로힝야를 배제하고 혐오하는
대상으로 정조준하는 제노사이드 주체들이 만들었을 가능성이
높다. 변방 지대의 특수성을 무시한 건 물론, 로힝야 사람들이

종족에 속하지 않는다면 우리 중 누구도 토착민 종족이라고 말할 수 없게 된다." → Benedict Roger, 'A friend's appeal to Burma', New Mandala, 2012.6.19, https://www.newmandala.org/making-rohingya-statelessness/ (2023.6.15 최종 접속)

이보다 앞서 1954년 9월 25일 버마 연방 초대 총리 우 누는 "부띠동과 마웅도 타운쉽에 사는 이들은 로힝야이고 그들은 버마의(버마에 속한) 종족(ethnic)"이라 발언했다. 1959년 11월 3일에는 우 누 총리와 당시 국방부 장관 우 바 쉐(U Ba Swe) 모두 이런 발언을 했다. "로힝야는 카친, 카야(카레니), 카렌, 몬, 라카인, 샨과 똑같은 동등한 내셔낼러티 신분을 지니고 있다." 더 나아가 1961년 11월 20일 우 누 정부 산하 프런티어 행정 사무소는 "마유 프런티어 거주민들은 로힝야 종족이다"라고 공표했다. → Nay San Lwin., 'Making Rohingya Stateless', New Mandala, 2012 Oct. 29, https://www.newmandala.org/making-rohingya-statelessness/ (2023.7.7 최종 접속)

시민권자로서의 로힝야의 또 다른 모습은 버마의 '의회 민주주의'(1948~1961) 시절 우 누 정부하에서 시작했던 버마방송서비스(BBS)에서도 알 수 있다. 정부 공영 방송에서 전국으로 송출하는 '토착민 언어 방송'의 성격을 지녔던 이 소수민족 언어 방송에는 로힝야어도 포함됐다. 로힝야어는 일주일에 세 번, 각 10분씩 방송할 수 있었다. 이 프로그램이 1961년 5월 15일 시작하여 1965년 10월 30일까지 계속됐으니 1962년 네윈 쿠테타 이후로도 약 3년 반 더 이어졌음을 알 수 있다. → Maung Zarni, Official evidence of the Rohingya ethnic ID and Citizenship which the Burmese ethno and genocidists don't want you to see., Rohingya Blogger, 2013 http://www.rohingyablogger.com/2013/05/the-official-evidence-of-rohingya.html

1960년대 로힝야 추방을 중단하라 명령한 대법원

로힝야는 동일한 그룹이 아니라는 점을 명확히 하고 싶었던 것이다. 이와 관련, 버마 영자 신문 〈가디언 데일리〉(1951년 8월 20일 자)에 실린 그의 글을 보자.

"우리 로힝야들은 아라칸의 민족이다. 우리는 '로힝야'와 아라칸인들(Arakanese, 문맥상 라카인족을 일컬음)이 아라칸 땅에 거주해온 두 개의 주요 민족임을 분명히 하고자 한다. 우리(로힝야)는 90만 민족이다. 한 민족 그룹으로 인정받기에 인구수로도 충분하다. 아울러 우리는 구별된 문화와 문명화를 거친 민족이고, 언어와 문학, 예술과 건축, 이름과 학명, 가치와 감각, 법과 도덕, 관습과 달력, 역사와 전통, 재능과 야망 등 민족 그룹에 대한 어떠한 정의에도 충족한다. 로힝야는 아라칸의 민족이다." → Lbid. P.30

독립 후 인정받은 로힝야 '토착성', 그러나…

1948년 1월 4일 독립 이후 '국가 건설(Nation Building)' 프로세스에 돌입한 버마연방 초기 내각 관료들 사이에서 로힝야를 버마의 토착민으로 인정하는 발언이 잇따랐다. 그 자신 미얀마 소수 종족인 샨족 출신이었던 버마 연방 초대 대통령 사오 쉐 따익(Sao Shwe Thaike)은 1959년 이렇게 말했다. "아라칸주의 무슬림은 버마의 토착민이다. 만일 그들이 토착민 당시 '로힝야' 호명을 공개적으로 주창한 이는 모하메드 압둘 가파르(Mohammed Abdul Gaffar, M.A. Gaffar)라는 이름의 로힝야 정치인이다. 가파르는 '급진적 이슬람주의자'와는 거리가 먼 정치인이다. '로힝야 민족주의자' 정도로 보는 게 타당할 것이다. 가파르는 1947년 4월 버마가 독립하기 한 해 전에 치러진 제헌의회 선거 당시 라카인주 북부 '부띠동(Budhidaung)' 선거구에서 당선된 인물이다. 1951년 총선에서는 '아크얍(Akyab)'

→ '아크얍'은 시트웨의 옛 이름이다. 아직도 많은 이들이 시트웨를 '아크얍'이라고 부른다.

서부 선거구에 출마하여 상원의원(Chamber of Nationalities 1948~1962 버마연방의 상원)으로 당선되기도 했다. 1956년 총선에서도 마웅도 및 부띠동 혼합 선거구에서 하원의원으로 당선됐을 만큼 선출직 의원의 신분을 이어간 정치인이다. 버마연방 초대총리 우 누(U Nu)는 그를 보건부 총괄 의회 서기로 임명했다는 기록이 남아 있다. → 그는 독립국가 버마의 출범과 국가 건설 과정 초기에 적극 참여해온 로힝야 정치인이다.

→ Martin Smith, Arakan, a land in conflict on Myanmar's western frontier, Transnational Institute, P 29-30, 2019 Dec.

바로 그 시기 1948년 11월 20일, 버마연방 출범에 맞춰 가파르는 연방정부가 '로힝야'를 버마연방의 '공식 민족(official nations)' 중 하나로 인정하고 호명 역시 '로힝야'로 해줄 것을 요청했다. 그가 '로힝야'라는 이름과 정체성을 고집한 데는 이유가 있다. 식민시대 이주자들의 후예인 '인도계 버마인(혹은 '버마 무슬림 Burmese Muslim'으로 표현되는 그룹)'과 아라칸의 토착 무슬림 즉 그런가.

앞서 언급한 8~9세기 '아랍상인의 후예설'까지 거슬러 가지 않아도 된다. 제 아무리 짧은 역사를 채택하더라도 1799년 기록된 저명한 문헌 하나는 미얀마와 라카인 극우민족주의자들이 거부하는 이름 '로힝야' 석 자의 흔적을 분명히 남겼다. 바로 1799년 발행된 스코틀랜드 출신 의사 프랜시스 부캐넌(Francis Buchanan)의 저작 『버마제국』 중 〈버마제국 다언어 비교〉라는 소논문이다. "힌두국의 언어에서 유래한 것으로 보이는 버마 제국의 방언 세 가지를 보자. 그중 첫째는 '무하메단(Muhammedans)'의 언어다. 이들은 아라칸에 오랫동안 정착해온 이들이고 자신들을 아라칸의 토착민이라는 뜻의 '로잉야(Rooinga)'로 부르고 있다." → 중첩되고 복잡한 식민통치 시대를 지나며 '로힝야'는 '아라카니즈 모하메단(Arakanese Mohammedan)', '치타고니안(Chittagonian)', '벵갈리 무슬림(Bengali Muslims)' 등으로 불렸고 영국 식민정부하 인구조사에서는 '로힝야'라는 세부 종족 이름이 기록되지 않았다. 다른 소수 민족의 경우도 유사한데 '로힝야'만 유독 타깃이 돼왔다. 무엇보다도 식민정부의 행정 자료에 오르지 않았다고 해서 그 커뮤니티가 존재하지 않았던 건 아니다. 이 '실종'됐던 이름 '로힝야'를 되찾기 위한 움직임은 1948년, 독립 직후 다시 일어났다.

> Francis Buchanan M.D 1799, "A comparative Vocabulary of Some of the Languages spoken in the Burma Empire" SOAS Bulletin of Burma Research 1(1), Spring 2003 https://eprints.soas.ac.uk/8050/1/BuchananComparativeVocabulary.pdf (2023.7.15 최종 접속)

특히 아라칸은 라카인과 로힝야, 두 종족이 제국주의자들의
충돌과 2차대전의 소용돌이 속에서 서로에게 씻을 수 없는
상처를 남겼다. 이 시기 '영국+로힝야' vs. '일본+아라칸'으로
나뉜 양측의 무력 충돌은 '1942 아라칸 학살'로 이어졌다. 로힝야
무슬림들이 '일본+라카인 불교도들'이 다수인 아라칸 남부를
떠나 북부로 대거 피난하면서 아라칸 북부는 로힝야 무슬림들이
주류로 거주하는 지역이 됐다. 오늘날 라카인 북부가 로힝야
주류 거주지가 된 이유다.
반대로 라카인 불교도들은 '영국+로힝야'가 통제하는 북부를
떠나 남부로 대거 피난하여 남부에 정착했다. 이 갈등의 역사가
지금까지도 두 커뮤니티에 깊은 상처와 트라우마로 내재돼
있고 서로에 대한 적개심이 '필요할 때마다' 소환되고 있다. 특히
라카인 커뮤니티는 로힝야에 대한 적대감을 표할 때 이 사건을
그들의 심장부에서 꺼내 되새김질한다. 그리고 1945년, 일본은
패망했다. 연합국의 일원 영국은 승자가 됐다. 영국은 다시
버마를 통치했고, 그러나 1948년 버마는 독립했다.
라카인 극우민족주의자 역사가로 유명한 에이 찬(Aye Chan,
전 일본 간다외어대 교수)은 '로힝야'라는 이름이 버마 독립
후인 1950년대 갑자기 등장했다고 주장하는 인물이다. 그는
'로힝야'라는 이름을 1950년대 '급진적 이슬람주의자'들이
밀어붙였다고 주장한다. 그는 로힝야 제노사이드를 다룬
여러 다큐와 강연 활동을 통해, 로힝야는 '조작된(fabricated)'
정체성이라며 '이 땅에 로힝야란 없다'고 열변을 토해왔다. 과연

중첩된 식민화, 아라칸과 치타공 사이 분주한 이주 현상

'다문화 사회'였던 므라우 왕국은 그러나 1784년 버마 콘 바웅 왕조의 침략전쟁에 패배하면서 버마에 복속되며 아라칸의 마지막 왕국이 됐다. 아라칸의 피식민 역사는 이때를 시작으로 크게 세 단계로 이어졌으니 '버마의 아라칸 복속'은 그 첫 번째 식민화로 볼 수 있다. 이때 아라칸의 수많은 무슬림들과 불교도들이 오늘날 방글라데시 영토인 콕스바자르로 피난을 떠났고, 그중 일부는 1885년 아라칸이 다시 영국령 인도 식민지로 복속됐을 때 되돌아왔다고 역사학자들은 말한다. → Aman Ullah, 'Rohingya refugees to Bangladesh: historical exclusions and contemporary marginalization', Journal of Immigrant and Refugee Studies 9(2) : 139-161, 2011 두 번째 식민화는 그로부터 40년이 지난 1824년, 이웃한 '영국령 인도'와 '(아라칸을 복속한) 버마'가 '제1차 버마-엥글로 전쟁'을 벌이면서 시작됐다. 버마가 패배하면서 영국의 버마 식민화가 시작됐고 이때 처음 식민화된 땅이 바로 아라칸이다. 아라칸으로서는 두 번째 식민화이자 중첩된 식민화다. 그리고 앞서의 기술대로 40년 전 콕스바자르로 피난한 이들이 아라칸으로 되돌아오는 계기가 됐다. 영국과 버마는 이후 2차, 3차 '엥글로-버마' 전쟁을 치렀고 1825년 버마가 패배하자 버마는 영국에 온전히 복속됐다. 마지막 식민화는 1942년, 일본의 버마 침공부터 일본이 패망한 1945년까지 전개된 일본의 버마 점령 시기다. 일본의 침공으로 버마는 두 제국의 충돌 현장이 됐다.

건설한 인물 나라마이클라(Narameikhla) 왕은 1404년 버마 아바 왕조의 팽창 정책에 밀려 벵골 술탄국(Bengal Sultanate, 14~16세기) 수도인 가우어(오늘날 인도 서벵골 지방에 위치)로 피신한 적이 있다. 그리고 1430년, 24년 동안 가우어에서의 '피난' 생활을 끝내고 아라칸으로 되돌아왔다.
아라칸으로 돌아왔을 때 그는 혼자가 아니었다. 벵골 술탄국이 제공한 군대와 동행했고, 바로 그 무군들의 후손이 오늘날 로힝야 커뮤니티 기원이라는 게 '15세기론'이다. '버마의 무슬림' 이슈를 깊이 연구해온 인물 모세 예가르(Moshe Yegar)는 1972년 논문 〈버마의 무슬림〉에서 "나라마이클라가 아라칸으로 돌아온 1430년 이후 그전까지 미미했던 무슬림의 영향력이 아라칸에 자리잡기 시작했다"라고 분석했다. → Moshe Yegar, The Muslims of Burma - a Study of a Minority Group, Schriftenreihe des Südasian-Instituts der Universität Heidelberg, 1972, P 18

아라칸의 불교도 왕들이 무슬림 경칭을 같이 사용한 건 무슬림 영향력을 보여주는 증거라는 것이다. 이를테면, 나라마이클라 왕의 뒤를 이은 멩 카리(Meng Khari) 왕은 스스로를 '알리 칸(Ali Khan)'이라는 무슬림 이름으로 부르기도 했다.
아라칸 불교도 왕들이 무슬림 경칭을 사용한 관습은 8명의 왕이 승계된 약 200년간 계속되었다. 이 오랜 관습이 아라칸이 (무슬림 주류) 치타공 지역에 주권을 행사하기 위한 의도에서 비롯됐다는 분석은 꽤나 설득력이 있다. → Syed Murtaza Ali, Arakan Rule in Chittagong (1550 ~ 1666 A.D), Asiatic Society of Pakistan, Vol. XII, No. III, 1967 Dec. P.1 https:// rohingyakhobor.com/mdocs-posts/ arakan-rule-in-chittagong-1550-1666-a-d/ (2023.9.29 최종 접속)

로힝야가 아라칸의 토착민이 아니라는 전제를 깔고 있다. 바로 이 호명에서도 아라칸 지역에 수세기 동안 뿌리내리고 정착해온 로힝야 커뮤니티의 역사와 뿌리, '영토성'은 박탈된다. 그리하여 존재를 부정하는 '제노사이드 담론(Genocidal discourse)'의 근간이 세워진다.

다른 여느 민족과 마찬가지로 로힝야의 아라칸주 정착 역사에 대해서는 몇 가지 설명들이 교차한다. 우선, 8~9세기로 거슬러 올라가는 '아랍 상인 표류설'이 있다. 이 주장에 따르면 서기 788~810년경 아라칸주 남부 람리섬(Ramree) 해안가에서 아랍 상인들의 배가 난파된 적이 있고 이때 살아남은 이들의 후예가 바로 로힝야이다. 이 이론으로 보자면 버마 최초의 통일왕조인 바간 왕국이 건설된 9세기 이전 로힝야는 이미 아라칸 영토에 거주하기 시작한 셈이다.

다음은 '15세기론'이다. 이 이론은 연구 자료와 증거가 많고 미얀마 북서부와 방글라데시 동남부 치타공 일대의 다이내믹한 역사를 설명하기에도 적절하다. 이 이론에서는 15세기 중반부터 18세기 후반(1429~1785)까지 아라칸 지역에 실재했던 '므라우 왕국(Kingdom of Mrauk-U)'을 이해하는 게 중요하다.

므라우 왕국은 오늘날 라카인 영토는 물론 미얀마 서부 끝자락 친주(Chin State)와 방글라데시의 치타공 지역까지 통치하며(1550~1666) 찬란한 전성기를 누린 왕국이다. 그러다 1666년, 이웃한 무굴 제국(1526~1857, 오늘날 인도)과의 전쟁으로 치타공 지역을 내주었다고 전해진다. 므라우 왕국을

20년간 기독교도들도 조금씩 늘어 2017년 방글라데시로 탈출한 70만여 명 난민들 중에는 약 1,500명의 '로힝야 기독교도'들이 포함된 것으로 알려져 있다.→ Rohingya Christian : The Oppressed of the Oppressed, International Christian Concern, 2023.8.7, https://www.persecution.org/2023/08/07/rohingya-christians-the-oppressed-of-the-oppressed/ (2023.10.30 최종 접속)

→ Brad Adams, Christian Abducted, Attacked in Bangladesh Refugee Camp, Human Rights Watch, 2020.2.13,https://www.hrw.org/news/2020/02/13/christians-abducted-attacked-bangladesh-refugee-camp (2023.9.11 접속)

로힝야는 라카인주의 주류 종족인 라카인족은 물론 므로(Mru), 캄만(Kaman), 마라마기(Maramagyi)→ 인도계 외모를 하고 있지만 불교도 커뮤니티다. 방글라데시에서는 '바루아(Barua)'라고 부른다.

마르마(Marma), 다이응넷(Daingnet), 떳(Thet) 등 다양한 소수 커뮤니티와 오랜 세월 아라칸 땅에 공존해왔다.→ '아라칸'이라는 지역명이 이 지역 주류 종족명이기도 한 '라카인'으로 변경된 건 1989년, 전년도 9월 쿠테타로 들어선 신군부 통치기구 국가법질서회복위원회(SLORC)에 의해서다. 국명이 '버마'에서 '미얀마'로 변경된 것도 이때다. 그러나 라카인 민족주의자들조차 '아라칸'이라는 옛 이름을 선호한다. 이는 과거 그들이 자랑스러워하는 아라칸 왕국의 전통을 잇는 이름이 '아라칸'이기 때문이다.

그러나 미얀마 구성원 다수는 로힝야를 가리켜 '벵갈리' 혹은 '칼라(Kalar)'→ 본래 '외국인'이라는 의미이지만 피부색이 어두운 인도계 외양의 무슬림들을 비하하는 방식으로 사용된다.

라는 경멸적 호칭을 사용해왔다. 로힝야를 '벵갈리'로 호명하는 건 두 가지 점에서 심각한 문제를 안고 있다. 우선, '벵갈리'는 로힝야가 방글라데시에서 라카인주로 불법 월경한 사람들이라는 인종주의적 비하를 전제로 한 호명이다. 동시에 로힝야들의 '자기 호명권'을 위반한 이름이기도 하다. →

또한 로힝야를 '벵갈리'로 부르는 건 '자기 호명권'은 '시민적 정치권 권리에 관한 국제규약'(ICCPR, International Convenant on Civil and Political Rights)을 비롯하여 여러 국제규약들이 보장하는 누구나의 기본권에 해당한다. 따라서 로힝야를 벵갈리로 부르는 건 기본권과 국제규약을 침해하는 문제를 안고 있다.

관여해온 활동가들조차 '로힝야는 미얀마에 속한 사람이 아니'라고 주장하는 자기모순적 행태가 곳곳에서 목격됐다.

→ 심진용, "로힝야는 미얀마 민족 아니다" 한국의 미얀마인이 말하는 로힝야, 경향신문, 2017.10.13, https://m.khan.co.kr/world/asia-australia/article/201710030940001#c2b (2023.10.31 최종 접속)

이 대목은 우리에게 찬찬히 곱씹어볼 중요한 교훈을 던진다. 즉, 대학살 국면에 이르면 대중의 지지와 간헐적 환호는 정도의 차이가 조금 있을 뿐 반드시 동반된다는 점이다.

예컨대 2009년 5월, 스리랑카의 소수 타밀족 대학살이 '종전'이라는 이름으로 마침표를 찍자 주류 신할라 커뮤니티는 콜롬보에서 춤을 추고 떡을 나누었다. 2023년 10월, 이스라엘의 스타 래퍼는 가자지구 점령을 선동하며 군인들을 환호의 도가니로 몰아넣는가 하면, 전쟁에 비판적인 이스라엘 기자는 폭도들의 공격으로 은신처를 찾고 있다.

로힝야, '토착성'을 거부당하다 : 제노사이드의 시작

그렇다면 미얀마인 다수가 '미얀마인이 아니'라고 그토록 강조했던 로힝야 커뮤니티는 언제부터 오늘날 미얀마 땅에 뿌리내리고 살아온 걸까. 익히 아는 바 대로 로힝야는 미얀마 서부 라카인주(구 '아라칸주 Arakan State')를 본향으로 하는 미얀마의 소수 종족이다. 절대 다수는 무슬림이지만 지난 탄생으로 이어졌다. 폭력 사태는 로힝야 청년들을 물러설 곳 없는 벼랑 끝으로 내몰았고, 5년 후 그들 일부가 맨발로 정글을 행진하기 시작한 것이다. 분쟁은 그렇게 인과관계를 먹고 자란다. 제노사이드 최종 단계에 나타나는 '대량 절멸' 작전이 벌어진 건 2017년 8월 25일, 그러니까 바로 지구촌 시민사회가 '로힝야 제노사이드' 추모일로 기억하는 그날을 전후해서다. 반세기 동안 누적되고 숙성된 '제노사이드 인프라'는 2016~2017년 ARSA 공격을 구실 삼아 대학살로 폭발했다. 70만~80만 명의 로힝야들이 대학살을 피해 라카인주에서 방글라데시로 국경을 넘었을 당시 콕스바자르 일대에는 이미 1970년대 말부터 박해와 폭력을 피해 탈출한 로힝야 난민들이 30만~40만 명 정도 거주하고 있었다. → 그러니까 2016~2017년 방글라데시로 탈출한 난민들이 기존에 머물던

2017년 사태 이전까지 난민 인구 중 유엔난민기구에 등록된 난민 수는 3만 명 선으로 10분 1밖에 되지 않았다. 등록 난민 비율이 현저히 낮은 이유는 1990년대 초반 이후 2000년대를 지나 2017년 대학살이 벌어지기 전까지 방글라데시가 로힝야 난민 등록을 거부해왔기 때문이다. 절대 다수 로힝야들은 '미등록 체류' 신분이 됐고 이들에 대한 방글라데시의 단속과 강제 송환 과정에서 온갖 폭력적 방법이 동원돼왔다.

그중 일부 난민들이 2002년 이후 강제 송환을 거부하면서 정착하기 시작한 게 방글라데시 국경 타운 테크나프에 형성된 '비공식' 난민 캠프인 '레다 캠프'다.

난민들에 가세하면서 콕스바자르 로힝야 난민 인구는 백만 단위가 됐다. 단위가 달라진 것이다.
미얀마는 로힝야 사람들이 수세기 동안 뿌리내리고 살아온 땅, 아라칸(라카인주 옛 이름)에서 인구 절반이 넘는 백만 단위를 축출함으로써 로힝야의 '영토성', 그리고 '토착성'을 대부분 제거했다. 역대 군사 정권은 물론 미얀마 민주화 운동에

외곽에 광활한 벌판 로힝야 게토가 형성됐다. 그리고 시트웨 도심 한가운데에는 2012 폭력 사태 당시 유일하게 살아남은 무슬림 거주 구역 아웅 밍갈라(Aung Mingalar)가 도심의 게토로 자리 잡고 있다. 두 게토 모두 기본 물자 반입조차 제약받았다. 이곳을 감시하는 군경들이 별다른 이유 없이 로힝야에게 총격을 가하는가 하면 사망자의 장례나 골든 타임이 중요했을 부상자들의 병원행도 허용되지 않았다.

2013년 8월 내가 목격한 상황이 그랬다. 나는 큰 충격을 받았다. 공식적으로 '국내피난민 캠프(IDPs camp)'로 불리는 그 공간에 열악한 난민 상황을 취재하러 갔던 나는 그곳이 통상적인 난민 캠프 모습이 아니라는 걸 금세 깨달았다. 그곳은 난민 캠프라기보다는 수용소 캠프였다. 철조망 안에서 절망적으로 배회하는 삶들이 술렁였다.

그러다 '난민선'이라는 브로커 비즈니스가 동을 틔우면 로힝야 사람들은 지푸라기라도 잡는 심정으로 세상에서 가장 위험한 항해에 나섰다. 전 세계가 경악해 마지 않았던 2014년, 2015년의 벵골만-안다만 해역 '보트 난민 사태'는 그런 배경에서 벌어진 것이다. 그들은 '죽어도 떠나는 사람들'이었다. 그렇게라도 아파르트헤이트를 벗어나고 싶을 만큼 절박했다. 유엔난민기구가 2016년 발표한 보고서에 따르면 2012년 폭력 사태 이후 16만 8,000명의 로힝야 사람들이 라카인주를 탈출했다. 그리고 무엇보다 2012년 폭력 사태는 4~5년 뒤 대학살의 표면적 트리거가 됐던 로힝야 무장 단체 '아라칸 로힝야 구원군(ARSA)'의

줌의 '외출' 자유를 얻기 위해서는 'Form 4'라는 이민성 양식을 작성해 제출해야만 45일 허가를 겨우 받을 수도, 그러나 못 받을 수도 있다. 내가 양곤에서 만난 로힝야 여성 사데카는 'Form 4 양식을 얻는 것조차 쉽지 않았다'고 말했다. 그는 그 종이 양식 하나 얻기 위해 2년을 기다렸고 10만 쨧(kyat, 미얀마 화폐 단위)을 냈다고 했다. 분리장벽으로 둘러쳐진 가자지구가 '중동의 아파르트헤이트'라면, 조잡하지만 날카로운 철조망과 검문소가 눈에 불을 켜고 선 로힝야 게토는 '미얀마의 아파르트헤이트'다. '아파르트헤이트'는 제노사이드의 중요한 인프라이고, 대학살의 예고편이다. 가자지구에서도, 미얀마 라카인주에서도 이는 적확하게 증명됐다.

인종청소는 타깃 그룹의 대학살을 은유적으로 표현할 때도 있지만, 강제적이고 폭력적인 방식으로 강제된 이주라는 매우 구체적인 현상을 가리키기도 한다. 로힝야 커뮤니티는 1978년, 1991~1992년, 그리고 2012년과 2016~2017년 등 최소한 네다섯 번의 대축출과 인종청소에 직면해왔다. 이 중 2012 폭력 사태는 곧 다가올 제노사이드 대량살상의 신호를 곳곳에서 방출했다. 라카인주 주도(州都) 시트웨 도심 밖으로 로힝야 주민 14만 명을 강제 이주시킨 그해 폭력 사태로 시트웨 외곽에는 광활한 로힝야 게토가 형성됐고, 휴먼라이츠워치는 2012 폭력 사태를 '인종청소'로 규정했다. → Burma : End 'Ethnic Cleansing' of Rohingya Muslims, Human Rights Watch, 2013.4.21 https://www.hrw.org/news/2013/04/22/burma-end-ethnic-cleansing-rohingya-muslims

2012년 폭력 사태의 결과물로 형성된 시트웨

살해됐다. 미얀마 군경은 물론 로힝야의 오랜 '이웃' 라카인 커뮤니티 민병대의 총, 칼, 그리고 방화가 그 가공할 폭력을 만들어낸 것이다. 로힝야와 팔레스타인, 두 분쟁의 성격은 물론 동질적이지 않다. 분쟁의 기원과 전개, 국제사회의 태도와 접근 등에 상이한 부분이 많다. 예컨대 로힝야 제노사이드에는 제국주의의 레거시는 묻어 있지만 기획과 배후의 그림자는 없다. 반면 팔레스타인은 철저히 그렇게 기획되고 빚어진 외부 점령과 식민화의 문제로 시작됐다. 그러나 두 분쟁 모두 제노사이드 메커니즘에 따라 작동해왔고, 나치의 유태인 대량학살 코드명에서 유래한 '최종 해결책'을 보고 있다. 타깃 그룹에 대한 비인간화(dehumanization)와 인종주의(racism)가 학살의 동력이 되고 있는 로힝야와 팔레스타인은 동시대 다른 공간 두 개의 제노사이드로 병립하고 있다.

아파르트헤이트, 인종청소, 그리고 제노사이드

아파르트헤이트 체제는, 가자 주민들에게 그러하듯, 로힝야 커뮤니티를 지독하게 봉쇄하고 자유와 존엄을 박탈해온 억압 방식이다. 그 체제하에서 로힝야 사람들은 숨죽여 살았고, 서서히 죽어나갔다. 그 체제하에서 로힝야에겐 '삶'이 곧 '슬로우 데쓰'다. 자신이 나고 자란 마을 밖을 벗어날 자유가 없으며 한

세갈(Raz Segal)은 《데모크라시 나우》와의 인터뷰에서 예의 차분한 톤으로 일침을 가했다. "제노사이드의 교과서적 사례다(a textbook case of Genocide)." → Democracy Now, "A Textbook case of Genocide" : Israeli Holocaust Scholar Raz Segal Decries Israel's Assault on Gaza, 2023.10.16, https://www.youtube.com/watch?v=ZWGGjLZNuyg (2023.10.16 접속)

나는 '가자 제노사이드'에서 '로힝야 제노사이드'를 읽는다. 10월 말 기준 가자지구 사망자는 이미 8,000명을 넘겼고, → 'Quds News Network' 트윗 발표. https://twitter.com/QudsNen/status/1718965026986365407 (2023.10.31 접속)

이 잔인한 숫자는 6년 전 미얀마에서 벌어진 로힝야 대학살이 얼마나 잔혹했는지 또한 가늠케 해준다. 가자의 높은 사망자 수치 이면에는 한 번 타격으로 대량 살상을 야기하는 공격 방식 즉, '공습(airstrike)'이 있다. 여러 분쟁 지역에서 공습으로 인한 민간인 피해를 면밀히 기록해 온 《에어워즈(Airwars)》에 따르면 이스라엘은 첫 주 동안에만 6,000개의 폭탄을 퍼부었다. → Airwars, Israel and Gaza 2023, 2023.10.31, https://airwars.org/conflict/israel-and-gaza-2023/

6년 전 로힝야 제노사이드 대학살은 어땠을까. 국경없는의사회(MSF, Medecine Sans Frontier)가 2017년 방글라데시로 탈출한 난민 가구를 샘플로 하여 추산한 사망자 수치는 그해 8월 25일부터 9월 24일까지 한 달 동안 약 6,700명이다. → Médecins Sans Frontières, 'Myanmar/Bangladesh: MSF surveys estimate that at least 6,700 Rohingya were killed during the attacks in Myanmar', 12 December 2017: http://www.msf.org/en/article/myanmarbangladesh-msf-surveys-estimate-least-6700-rohingya-were-killed-during-attacks.

로힝야 제노사이드 현장에 공습이 없었다는 점을 상기하면 이 수치는 더 끔찍해진다. 공습 없이 지상의 폭력만으로 한 달 6,700명이

'가자 학살'에서 '로힝야 제노사이드'를 읽다

로힝야 제노사이드 대학살이 벌어진 지 6년 여 시간이 흐른 2023년 10월, 지구촌은 또 하나의 제노사이드를 안방에서 실시간으로 '목격'하고 있다. 이스라엘이 하늘 땅 바닷길을 모두 봉쇄한 땅, 인구 70%가 팔레스타인 난민들로 구성된 팔레스타인들의 땅, 가자지구는 지난 17년간 철제와 콘크리트 그리고 센서가 어우러진 '스마트' 분리 장벽으로 외부와 단절된 '아파르트헤이트' 세계였다. 그리고 오늘, 그 분리 장벽 안 220만 가자 주민들의 삶터가 이스라엘의 잇따른 공습으로 초토화됐다. 10월 7일, 하마스 군사국 '알 카삼 여단(Al Qassam Brigades)'을 비롯해 가자지구에서 활동 중인 최소 네 개의 팔레스타인 무장저항 조직들의 연합작전 '알 아쿠사 플러드(Operation Al Aqusa Flood)'로 이스라엘 남부가 공격받은 뒤 이스라엘 보복 공습이 즉각 이어졌고, 20일 만에 가자지구 주민 7,028명이 목숨을 잃었다. 팔레스타인 보건 당국에 따르면 이중 2,913명이 아이들이다. → 보건당국 발표 사망자 명단 (영문) https://twitter.com/iraqbodycount/status/1718078237312483656 (2023.10.28 접속) 보건당국이 발표한 명단 첫 88명이 한 가족으로 채워졌다. 이어진 명단 72명은 또 다른 한 가족이 채웠다. → https://twitter.com/AseelAlBajeh/status/1717588222845354231 (2023.10.27 접속) 아이들을 대량 살상하고, 온 가족을 몰살시킨 이스라엘은 팔레스타인의 미래를 집단 살해하고 있다. 재미 이스라엘 역사학자이자 홀로코스트 연구자인 라즈

이유경

로힝야, 토착성을 부인당한 사람들 : 로힝야의   난민이 된 과정
역사와

나는 트레이닝 룸으로 끌려가 팔레스타인, 새로 만든 그림책,
이번 달 일정, 웃긴 이야기를 잔뜩 하고 나왔다. 일을 마치고
샨티카나에서 나가자 이번에는 풍선 판매상이 와 있었다.
샨티카나 여성들은 자식에게 줄 풍선을 하나씩 사며 나에게도
하나 주었다. 나는 "아이 노 후투, 후투 나이!", 즉 난 아이가
아니며 아이도 없다고 외쳤지만 이미 풍선이 손에 쥐어져
있었다. 아이들은 풍선에 즐거워했고 로힝야어로 싸다고 외치는
나에게 판매상은 웃으며 땡큐를 외치고 거의 10초 만에 풍선을
완성했다.
그리고 시내로 돌아가는 차량에 탑승하자, 일곱 살 정도 되는
꼬마애 두명이 싱가라(카레감자튀김) 다섯 개를 포장하여
나에게 줬다. 평소에 자주 사 먹는 가게 아들인데 나에게
선물하고 싶었다고 했다. 엄청난 단골 관리 서비스였다.
장기적으로 근본적인 권리를 찾는 것도 중요하지만, 이러한
사람들의 소소한 행복이 지속될 수 있도록 하는 것도
중요하다는 사실을 온 세상이 내게 알려주려고 하는 것만 같다.

공사와 유지보수도 캠프 14 사무소에서 나와 허가를 따로 주고 모니터링한다고 한다. 규제로 느껴질 수 있으나 업체나 단체의 비리를 막을 수도 있다. 더불어 협상을 잘한다면 방수포와 대나무 외에도 철이나 벽돌과 같은 튼튼한 자재를 사용하여 더 좋은 결과물을 얻을 수 있다.

최근 팔레스타인의 난민 캠프에 다녀왔는데 로힝야 난민 캠프에 비해 삶의 수준은 여러모로 높았다. 순전히 로힝야 난민 캠프가 너무 열악해서이며 팔레스타인 난민 캠프도 상황은 좋지 않다. 팔레스타인 캠프는 75년이나 되었고 난민 생성의 맥락이 달라서 그런 것일 터이다. 비교는 사실 무의미했다. 사람들이 더 좋은 건축물에서 산다고 해도 75년째 난민 캠프에서 살며 차별에 저항하고 있기 때문이다.

그날 팔레스타인에서 로힝야 캠프의 미래를 상상했고, 솔직히 암담했다. 교육, 문해력, 일자리, 국제적 관심 모든 부문에서 한층(조금) 더 나은 팔레스타인 난민 캠프가 이러한데, 로힝야 난민 캠프의 미래는 어떠할 것인가.

그래서 오늘 공사를 보며 팔레스타인의 캠프가 생각났다. 과연 인프라가 그곳처럼 점점 나아진다 한들, 로힝야의 갈증이 채워질 것인가? 우리는 그저 당장 사람들의 갈증을 위해 탄산음료를 제공하고 있는 것은 아닌가?

힘 빠지는 글을 켄아소 계정에 올리자마자, 샨티카나에서 심리지원단 여성들이 나를 불렀다. 이것저것 논의도 안 하고 팔레스타인 다녀와서 이야기 공유도 안 해준다고 혼났다.

"말레이시아로 가는 길에 죽었어요. 사람들이 모두
제 아들보고 말레이시아가 훨씬 살기 좋다고 가라고
부추겼어요. 남은 딸 한명이라도 사우디아라비아나
미얀마로 가서 안전하게 살고 교육도 잘 받고 좋은
사람 만나서 결혼하면 좋겠어요."

로히마 3

"저는 세 명의 여동생과 한 명의 남동생이 있어요.
부모님은 2~3년 안에 돌아가실 것 같기에 제가
책임져야 해요. 미얀마로 돌아가면 일단 다른 나라로
이주할 준비를 할 거예요. 한국이면 좋겠네요. 거기서
동생들을 교육시키고 의사로 키우고 싶어요. 그리고
저는 다른 나라에서 사는 로힝야를 위한 선생님이 될
거예요."

키스못따라

팔레스타인을 다녀오며

로힝야 이슈와 관련하여 연일 안 좋은 소식만 들리는 상황에서도
캠프 내부는 조금씩 바뀌고 있다. 벽돌이 깔리고 샨티카나 앞에
추가 정원이 생기고 하수처리 물길이 정돈되고 있다. 이제 모든

이 세상에 얼마나 남아 있을지 모르죠. 하지만 제 손자는 미얀마로 돌아가서 제 재산을 가질 수 있어요. 그 재산으로 많은 것을 할 수 있으면 좋겠어요. 농사, 사업 등 뭐든…."

로히마 2

"어렸을 때, 부모님이 돌아가셨어요. 제가 결혼한 지 얼마 안 되었을 때 남편도 죽었어요. 제 꿈은 남은 제 가족들에 있어요. 딸 하나는 말레이시아로 넘어가 결혼해 잘 살고 있고, 아들 하나가 있는데 영어랑 미얀마어를 둘 다 배우고 있죠. 저는 제 아들이 신을 섬기며 살았으면 좋겠어요."

쇼피카

"저는 다섯 명의 아이가 있어요. 질 좋은 교육을 잘 받아서 좋은 아이로 컸으면 좋겠어요. 세 딸은 저를 잘 따르는데 두 아들은 제 말을 잘 안 들어요. 주위의 안 좋은 사람들한테 영향을 받고 열세 살인데 가출하고 톰톰을 운전하기도 했어요. 저희 부부는 그때 많이 울었어요. 착하게 잘 크기만을 바라요."

쇼비카

"딸 하나와 아들 하나가 있는데 열두 살이었던 아들은

심리지원단장 숨시다, 로히마 1

"미얀마에 있었을 때는 교육에 대해 몰랐고 종교
학교에만 다녔어요. 지금은 샨티카나에서 교육의
중요성을 배웠어요. 제 꿈은 아이들에게 제대로 된
교육을 시켜주는 거예요."

쇼콧타라

"미래에 뭘 할지 잘 모르겠어요. 일단 여기서 잘 살고
싶어요."

토슬리마

"캠프 내 사설 교사에게 월 1,000타카를 주고
가르치고 있어요. 하지만 다른 아이들은 돈이 없어
공부를 못하고 있죠. 권리를 보장받으며 미얀마로
돌아갈 수 있다면 모두가 안정된 삶을 살 수 있으니
좋을 거예요.. 저는 돌아가면 원래 제 소유였던
슈퍼마켓을 다시 운영하고 싶어요. 50kg짜리 쌀을
팔면 100타카 정도의 수익이 남았었죠."

소피아

"미얀마에 재산이 정말 많았는데, 방글라데시에
넘어올 때 그냥 두고 왔죠. 저는 이미 나이가 들었어요.

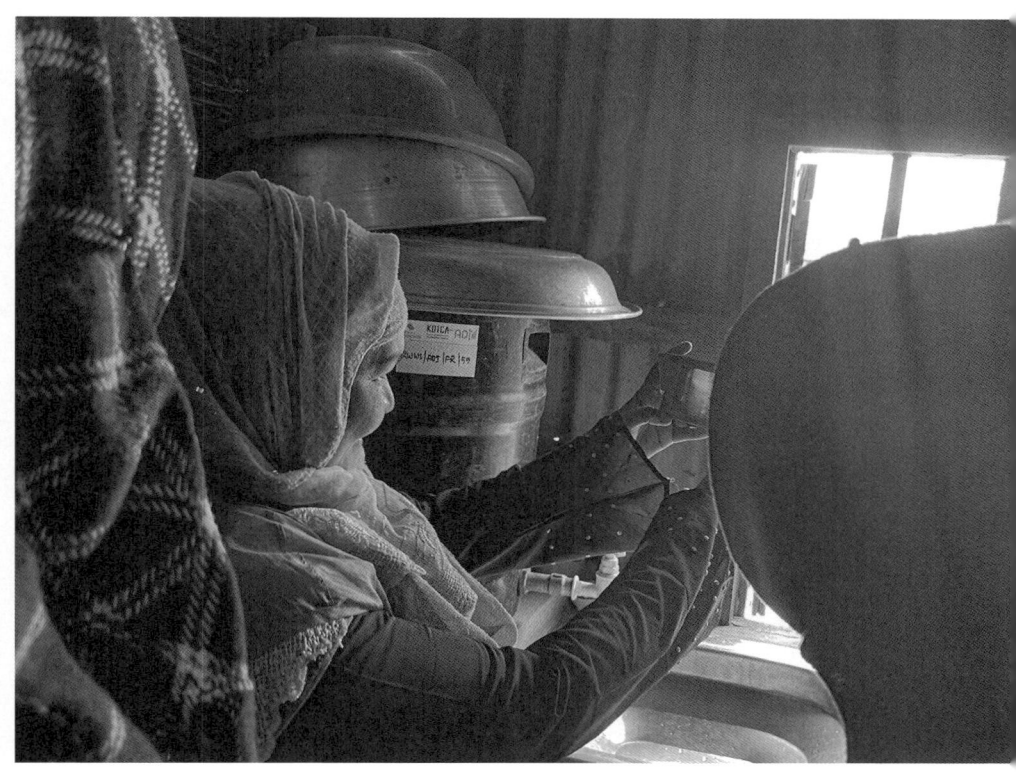

꿈을 꾸었다. 꿈속에서 나는 투자에 성공한 부자였고 센터의 심리지원단 여성들은 모두 미얀마로 돌아가서 자유롭게 살고 있었다. 꿈속에서 나는 갑자기 모두를 데리고 바다가 보이는 햇살 찬란한 수영장에 놀러 갔다. 여성들은 샨티카나에서 웃고 떠들며 노는 것처럼 수영장에서 물장구를 치고 놀았다. 분위기가 따스하고 정말 밝았다. 우리는 샨티카나를 운영하던 시기를 옛 추억처럼 이야기하며 웃고 떠들었다.
그러다 갑자기 잠에서 깼다. 천천히 현실로 돌아오면서 나도 모르게 현실이 아니었던 그것을 자꾸 붙잡으려고 했다. 그리고 언젠가 꼭 그럴 수 있으면 좋겠다고 생각했다. 오늘 샨티카나 운영이 끝나고 심리지원단 여성들과 간단한 회의와 담소를 하다가 갑자기 이 꿈이 생각났다. 이를 우스갯소리로 이야기하려다가 갑자기 말문이 막혀서 할 수가 없었다. 나는 그냥 이 말을 삼키고 샨티카나의 최근 유지보수 공사에 대한 피드백을 받았다. 그로부터 네 달 후, 여성들이 원하는 미래의 모습이 문득 궁금해졌다. 말이 씨가 된다는 말을 믿으며 이를 여기다 적어보고자 한다.

> "제 아들이 마드라사(종교학교)에 다니고 있는데, 지금 코란을 배우고 있어요. 교육을 마치고 나면 의사가 되고 싶어 합니다. 저는 제 아들이 미얀마로 돌아가서 의사가 되었으면 좋겠어요."

투표용지에 대한 체계적인 준비와 여러 번의 설명이 모두 끝났다. 여성들은 자신의 순서를 기다리며 투표소 앞에 줄을 섰다. 긴장되는 분위기 속에서 투표를 마치고 개표를 시작했다. 심리지원단장으로 로힝야 여성 솜시다, 부단장으로 수용 공동체 여성 록사나가 압도적인 표차로 당선되었다(전체 인원 중 약 90% 지지율). 평소에 능력을 인정받아 많은 일을 하고 모두와 두루두루 친한 여성들이었다. 떨어진 여성들은 아쉬워했지만 결코 상처받지 않았다. 그들은 내년도에 다시 지원할 것이라며 전혀 기분이 상하지 않았다고 웃으며 말했다. 우리는 단장, 부단장의 포부를 듣고 기념사진을 찍고 음식을 먹고 행사를 마무리했다. 많은 지지에 감사를 보내며 열심히 하겠다 말하는 두 여성에게 모두가 큰 박수를 보냈다.

두 표를 받고 떨어진 여성이 웃으며 내년에 다시 지원한다고 말하는 걸 듣는 순간, 이 여성들이 얼마나 많은 잠재력을 가지고 있는지 다시 한 번 느낄 수 있었다. 샨티카나의 미래가 기대되는 하루였다.

꿈과 상상

알록달록한 꽃이 활짝 피고 야자수가 자라난 휴양지의 수영장 사진을 보다가 선잠에 들었다. 소망인지 상상인지 애매한

리더십 경쟁

흥분된 여성들의 목소리가 울려퍼졌다. 공정한 선거를 통해 새로운 샨티카나의 리더가 생겼다. 그것도 꽤 높은 지지율을 바탕으로 선출되어 높은 대표성을 지니고 있다. 선거를 진행하게 된 이유부터 진행 과정, 결과까지 의미가 깊었고 이 과정에서 다같이 성장했다.
샨티카나의 여성들은 작년부터 리더십 경쟁을 해왔다. 운영위원들 사이에서 "나도 리더인데 왜 네가 나한테 명령해"와 같은 말이 오갔다. 관련하여 여기저기 찾아보았는데 모임이 성숙하면 자연스럽게 생기는 일이라고 했다.
이에 방글라데시 직원들과 논의하여 정확한 추가 책임과 권한을 주고 정당한 대가를 지불하여 리더를 뽑기로 결정했다. 이를 공지하자 다섯 명의 후보가 자진 출마했다. 여성들이 자신이 출마하겠다고 헐레벌떡 일어나서 앞으로 나오던 모습이 생생하다. 모든 후보자가 평소 평판이 좋고 적극적인 여성들이었기에 모두 누가 뽑힐지 궁금해했다. 일주일의 선거운동 기간 동안, 이들은 자신에 대해서 어필하고 여성들은 누가 좋을지 고민했다. 일부 여성은 우리의 학창 시절 반장 후보자들처럼 선거가 끝나면 군것질거리를 쏘겠다며 어필하기도 했다. 웃으며 경고 조치를 했다.
선거 당일에는 여성들의 들뜬 목소리가 샨티카나를 가득 채웠다. 다들 투표권을 가진 것 자체에 대한 흥분이 컸다. 투표소와 있다. 이러한 상황에선 여성이 남성을 설득할 수 있는 용기를 가질 수 있도록, 시스템이 이들을 지지할 수 있도록 샨티카나의 심리지원단 여성들과 노력하고 있다. 더불어 단 한 명이라도 더 많은 남성이 여성의 권리를 존중할 수 있도록 남성 개입 세션도 진행하고 있다.

그럼에도, 로힝야 여성들을 한마디로 정의하자면 '용기'라고 표현하고 싶다. 고국의 차별과 폭력을 피해 타지에서 자신의 삶을 개척하는 여성들은 이미 용기 있는 사람들이다. 그리고 만국공통이지만 여성의 손에 돈과, 마음에 여유가 있을 때 이 용기는 더욱 커진다. 샨티카나에서 일을 하여 돈을 벌고, 숫자와 글자를 배워 자신감과 심리적 여유가 생긴 여성은 남편에게 글을 가르치고 이를 자랑한다. 여성 지역 지도자가 되어 남성들과 동등한 대화를 하고, NGO 배분 물품을 받기 위한 줄에서 새치기를 하는 남성에게 한마디 쏘아붙이기도 한다.

물론 경제권과 자기 주장이 있는 심리지원단 여성도 가끔 남편에게 맞아 얼굴에 상처가 생겨서 샨티카나에 오기도 한다. 하지만 적어도 이제 숨기려 하지 않고 여성들과 이야기하며 화도 낸다. "아라 또아랄 포와티 아치(우리는 당신과 함께합니다)"를 샨티카나에 적어 붙이고, 가지고 있는 용기를 서로 나눈다.

여성의 권리와 용기

프로젝트를 진행하며 마주한 큰 어려움이 무엇이냐 묻는다면, 여성이 남성으로 인해 자신의 결정을 포기하는 상황이 잦다는 사실이다. 최근 한 여성이 샨티카나의 심리지원단으로 다시 복귀할 수 있었지만 남편이 일을 하는 것에 반대하여 복귀하지 못했다. 남편은 곧 다가오는 우기에 길이 비에 젖어 미끄러울까봐 아내를 걱정하고 있었다. 그 마음은 이해되지만 그 여성은 일을 하고 싶어 했다.

또 최근에는 샨티카나의 한 여성이 미얀마로 송환되는 것을 거부했지만, 미얀마 송환 1,000명 리스트에 올라가게 되었다. 결국 남편이 미얀마로 가겠다는 의사를 분명하게 밝혀 여성은 선택의 여지가 없게 되었다. 그 여성은 미얀마로 돌아가기 싫다며 샨티카나에서 종일 울기도 했다. 나중에는 남편이 미얀마에 안 가겠다고 하여 모두 방방 뛰며 기뻐했지만 남편의 의사결정에 모두가 일희일비하는 상황이 달갑지 않았다.

여성의 의사결정권 박탈은 캠프에서 비일비재하며 인신매매, 성매매, 강간 등 심각한 범죄의 형태로 나타나기도 한다. 위에서 제시한 상황에 함부로 대응하면 여성에게 가정폭력과 같은 추가 피해가 갈 수 있기 때문에 일단은 순응한다. 답답한 감정이 들 때도 있지만 느린 변화를 기대하며 할 수 있는 일에 다시 집중한다.

우리 프로젝트는 남성의 변화보다 여성의 변화에 초점을 맞추고

이 지역에서 종교란, 사회 규범이다. 다들 각자의 종교에 맞게 사회화되어 사회에 나온다. 근데 종교가 없다고 하니 사회화되지 않은 인간이라고 설명하는 것과 다름없던 것이다. 이들은 밥을 먹는 것, 기도하는 것, 가족 구성, 결혼 등의 생활 양식을 교리에 따른다. 그리고 방글라데시에서는 대부분이 서로의 종교를 존중한다. 절에 가면 90%는 절에 여행 온 무슬림이다. 그런데 인상 깊었던 것은 무슬림인 루미의 삼촌이 내가 인도주의 활동가이기 때문에 종교가 없어도 된다고 한 것이다. 내가 인도주의 활동가인 것이 무슨 상관인지 묻자, 루미는 내가 이미 다른 사람을 위하는 일을 하고 있기 때문에 종교가 있는 것과 같다고 했다. 이 말을 듣고 나는 무슬림과 방글라데시 사회의 종교에 대해서 더 이해할 수 있었다.
무슬림들은 선행을 하는 것을 굉장히 중요하게 여기며 의무적인 선행 전통이 있다. 그리고 사람들의 행복을 진심으로 기도한다. 샨티카나에서 인사를 나눌 때, 너를 위해 기도하겠다는 인사를 자주 한다. 그리고 나는 "모두가 비바를 위해 기도하니, 너는 오래오래 행복하게 살 거야"라는 이야기를 종종 듣는다. 그리고 나도 무교이지만, 그들을 위해 진심으로 기도한다. 나를 위해 기도해주는, 그 외에도 열심히 살아가는 이들에게 조금이라도 도움이 될 수 있다면 얼마든지 한다.

서로 무시하기도 하지만 결국은 같이 어울리게 되고 정이 드는 경우가 많다. 하지만 멀리 떨어져 살아가는 일부 방글라데시 사람들은 로힝야를 그저 모호한 집단으로만 보고 있다. 테러리스트 집단, 도둑들, 영악한 사람들, 병을 옮길 수 있는 사람들, 못 배운 사람들, 마약하는 사람들, 폭력성이 짙은 위험한 사람들.
로힝야 난민 캠프에서 일하는 대부분의 방글라데시 사람들도 사실은 마찬가지이다. 자신이 직접 교류하는 개개인의 로힝야는 존중하고 좋은 사람이라고 생각하지만, 집단으로서의 로힝야는 경계한다. 두 커뮤니티 사이의 지속적인 '잭프루트' 교환을 위해, 그리고 장기화되는 캠프 상황 속 심각해지는 로힝야의 범죄 개입 방지를 위해 무엇을 해야 할지 고민된다. 어쩌면 가까이에서 일어나는 함께 사는 이야기들이 작은 해답을 줄지도 모른다.

다른 이를 위한 기도

방글라데시에서 관계 맺기를 시작하면 한 명도 빠짐없이 나에게 종교가 뭐냐고 묻는다. 나는 종교가 없다고 대답하는데, 그러면 다들 굉장히 당황한다. 한 방글라데시 고등학교 교감 선생님은 '너는 인간인데 왜 종교가 없냐, 인간이 아니냐'고 물어보기도 했다.

그냥 도왔다고 대답했다. 나는 남을 도운 이유, 목적을 물었는데 이들은 계속해서 그냥 도왔다고 대답했다. 다른 활동가가 인도네시아에서 들었다는 말이 생각났다.
"부자들은 난민들에게 먹을 것을 내어주었지만 나는 가진 게 없어서 그들을 바다에서 뭍으로 데려오는 수밖에 없었어요."
샨티카나는 난민뿐 아니라 수용 공동체 여성들도 같이 운영하고 이용한다. 어느 날은 그룹 토론을 하다가 센터의 한 수용 공동체 여성이 로힝야 여성에게 '너네는 비누도, 음식도 다 매달 공짜로 배분받지 않느냐'고, 우리는 사야 한다고 따졌다. 그러자 로힝야 여성은 우리가 미얀마 집으로 돌아가면 그때 우리 집으로 와서 비누 맘껏 가져가라고 대답했다. 민감해질 법한 상황이었지만, 놀랍게도 그 얘길 듣고선 다들 웃어버렸다.
한번은 방글라데시 수용 공동체 여성이 임신한 로힝야 여성 숏코타라를 위해 잭프루트를 가져왔다. 잭프루트는 커다란 초록색 과일인데 굉장히 달고, 감, 두리안, 바나나, 망고를 합친 맛이다. 쇼콧타라는 보조개가 패인 환한 얼굴로 "슈크리아(고맙습니다)"라고 외쳤다.
어떤 로힝야 아이는 한 수용 공동체 가정에서 소들을 돌보는 일을 한다. 나는 그 아이가 고용주의 아이들과 종종 캠프 14 입구 앞에서 뛰어노는 모습을 보았다. 고용주인 수용 공동체 여성은 자신의 아이들과 로힝야 아이에게 갓 짠 우유를 똑같이 나눠 준다.
이처럼 물리적으로 로힝야와 가깝게 살아가는 이들은 싸우고

것이다. 오히려 권력을 상징하는 도구가 되었을 것이다.
조금씩 알아가려 하니 나는 큰 고민 없이 선물받은 귀걸이를
끼고 잘 어울리냐, 고맙다고 한다. 따미(로힝야 전통의 넓은
천으로 감싸는 치마)를 칭찬받으면 잘 어울리냐, 이 치마가
풀려서 내려가면 팬티만 입은 나를 잘 가려달라며 장난친다.

함께 사는 일

난민 캠프가 있는 곳에는 수용 공동체가 있다. 수용 공동체란,
난민을 받아준 선주민 커뮤니티를 말한다. 2017년 미얀마에서
로힝야에 대한 대학살이 일어났을 때 미얀마 국경 근처에 사는
방글라데시 콕스바자르 주민들은 불이 나고 로힝야 사람들이
몰려오는 것을 목격했다. 그들은 이들에게 당연한 마음으로
물, 잠자리, 음식, 옷, 모든 것을 내어주었다. 하지만 대학살이
일어난 지 약 6년이 되어가는 지금, 방글라데시 사람들의
로힝야에 대한 부정적인 인식은 갈수록 높아지고 있다. 여느
관계가 그렇듯 이 두 커뮤니티는 계속 교류하고 소통하고
화합하고 갈등한다.
하루는 샨티카나 수용 공동체 여성에게 로힝야 사람들을 도운
이유가 같은 무슬림이어서인지 물었다. 그녀는 다른 종교였어도
도왔을 것이라 대답했다. 이번엔 왜 도왔냐고 물었다. 여성은

자신을 가꾸는 일

"비바 슌돌 기여이!"
오늘 들은 말이다. 턱에 뾰루지가 난 채로 샨티카나에 갔더니 한 여성이 나에게 소리쳤다. 뾰루지가 나서 아름다움(슌돌)이 떠났다(기여이)는 뜻이다. 하루이틀이 아니다. 귀에 구멍을 뚫어놓고 왜 귀걸이를 안 하냐, 오늘 입은 옷 어디서 샀냐, 오늘은 새신부가 따로 없다, 앞머리 내리면 "슌돌 나이(아름다움이 없다)"라고 한다. 하루에 적어도 한 번은 외모 평가를 듣게 된다. 이는 로힝야 캠프만이 아니라 방글라데시 사무실에서도 똑같다. 내가 블랙헤드가 많다는 사실을 방글라데시 직원들을 통해 알게 되었다. 이처럼 방글라데시 여성과 로힝야 여성들은 꾸미는 것에 관심이 많고 굉장히 화려하다. 물론 아닌 여성들도 있어서 함부로 일반화하면 안 되지만 확실한 건 대다수가 외모에 관심이 많다는 것이다. 처음에는 조금 불편하기도 하고 꾸밈에 대한 강요로 느껴졌다. 그리고 남성들은 편하게 터덜터덜 다니면서, 꾸미고 거울을 보는 여성을 보면 "여자들이란…" 하며 웃는 게 화가 났다.
왜 이런 경향이 있을까? 생각해보니 캠프 안의 여성들에게는 즐길거리와 재밌는 일이 많이 없다. 집 밖으로 나오기가 힘든 로힝야 여성들은 더욱 그렇다. 서로 헤나를 그려주고 옷 얘기를 하는 것이 큰 재미이다. 그리고 과연 여성들이 권력을 가지고 있는 문화였으면 이런 꾸밈 활동이 무시받았을까? 전혀 아닐

화장품이나 식재료를 주로 사서 걱정을 조금 했었다. 근데 비즈니스 물품 수령 후 알아서 잘하고 있었던 것이다. 생각보다 많은 참여자가 지금 각자 수익을 내고 있다(2023년 3월 기준 73%). 여러 여성들의 사례가 매우 흥미롭다. 어떤 로힝야 여성은 네 달 동안 1만 8,000타카(한화로 약 25만 원)를 버는 능력이 있었고, 어떤 여성은 한 달에 1,000타카를 벌고 이에 만족하기도 한다.

문해수리교육 이후에도 대부분 숫자를 구분하는 것 정도만 가능하지만, 딸의 도움을 받아 멋진 가계부를 유지하는 여성도 있다. 재봉틀 능력이 있지만, 이웃과 가족이 공짜로 해달라고 해서 수익이 한 달에 1,000타카밖에 안 되는데도 다른 부업을 하며 현재 수준에 만족하는 여성도 있다. 대나무와 방수포로 만들어진 자신의 셸터에 칼로 작은 구멍을 내서 장사하며 8,000타카를 번 여성도 있다. 아들의 도움을 받아 도소매업을 먼 시장까지 확장하여 1만 8,000타카를 번 여성도 있는 반면, 실패 후에 말레이시아에 가서 돈을 벌며 잘 사는 여성도 있다. 이전까지 그들은 자신에게 주어진 자원과 기회가 없었을 뿐이다. 여성들에게 필요한 것은 무엇보다 경험할 기회가 주어지는 것이라는 걸 알게 되었다. 그리고 기초적인 문해수리교육, 생계 활동에서 겪은 어려움을 다른 여성과 같이 대응하는 것. 이것만이 샨티카나가 집중할 역할이겠구나 다시 생각할 수 있었다. 이렇게 경제력을 가진 여성들은 용기가 생긴다. 남을 적극적으로 도우며 커뮤니티에 기여한다.

먹고사는 일

개인적으로 최근 가장 큰 배움이 있다면, 독립적인 경제력을 가지는 것이 여성에게 가장 중요하다는 것이다. 그리고 여성들은 대체로 가정에 대한 책임감으로 경제활동을 할 능력이 충분히 있다. 단, 자원이 있다면 말이다.
샨티카나에서는 역량과 의지가 있는 여성들이 자신이 원하는 비즈니스 아이템을 통해 생계를 유지하고 커뮤니티에 기여할 수 있도록 교육과 자원을 제공하고 있다. 작년에 이 커뮤니티 비즈니스 프로그램에 참여한 하키마(가명)라는 한 여성 청소년이 있다. 매일 얼굴에 타나카를 잔뜩 바르고 친구들과 몰려와서 샨티카나의 수업을 듣고는 했다. 원래 성인 여성 대상으로만 진행하려 했으나 하키마는 학교를 못 다니는 상황이었고 문해수리교육과 비즈니스에 대한 당당한 욕심이 좋아서 듣게 했다.
최근에 캠프 안을 돌아다니다 하키마의 집에 잠깐 들르게 되었는데 키우는 비둘기를 자랑스럽게 나에게 보여주었다. 샨티카나에서 비즈니스 지원을 받은 후 비둘기를 구매하여 키우고 알을 팔고 새끼도 양육하고 있었다. 어머니와 자매 모두 몰려와 내 앞에서 자랑을 했다. 어려움도 있었지만 지금은 이걸 통해 조금이라도 수입이 생긴다는 것이었다.
작년 프로그램 과정에서는 많은 여성들이 하고 싶은 비즈니스 아이템을 계속 바꾸고, 시장 탐방을 할 때도 사고 싶은

누르는 결혼을 빙자한 인신매매 범죄에서 벗어나고 얼마 지나지 않아 콕스바자르 캠프에서 부모님이 소개해준 새로운 남성과 결혼하여 그 집에 들어가서 살고 있다. 내가 누르의 집에 방문했을 때, 누르는 임신한 상태로 시댁 가족들을 모시고 있었다. 샨티카나에서는 밝게 웃던 여성이 집 안에서는 눈치를 보며 긴장한 상태로 있었다. 안내받은 누르의 방에는 어둠이 짙게 깔려 있어 앞이 보이지 않았다. 부족한 전기 사정에도 나에게는 꼭 태양열 선풍기 틀어주었다. 그 집에서 누르의 공간은 좁아 보였다.

간단한 질의응답을 마치고 나오자 누르의 시아버지는 이 아이에게 다시 일자리를 달라고 나에게 요청했다. 누르는 샨티카나에서 일을 잘하고 열심히 하던 심리지원단 여성 중 한 명이었다. 시어머니와 남편은 누르가 가정에 집중해야 하니 더 이상 일을 하면 안 된다고 했다. 누르는 단 한마디도 하지 못했다. 나중에 샨티카나에 공석이 생겨 누르가 일할 수 있게 되었는데, 일을 하고 싶었고 여기 있으면 편하다고 나에게 따로 이야기해주었다.

캠프의 52%가 여성이고 많은 여성들이 누르와 같은 사연을 하나씩은 가지고 있다. 여성으로서 겪는 분쟁과 이주는 더욱 가혹했고, 더위, 음식, 생계, 물, 돌봄노동, 범죄, 시댁 식구, 이동의 어려움 등 모든 면에서 캠프의 삶도 호락호락하지 않다.

캠프의 한 여성

콕스바자르는 낮에 항상 30도를 넘는 더위가 1년 내내 찾아온다. 캠프에 도착하면 차에서 내린 후 내리쬐는 햇빛을 느끼며 포장되지 않은 흙길을 걷는다. 이 흙길은 캠프 안에 들어가면 급격히 좁아지기 시작한다. 대나무와 방수포만으로 만들어진 셸터는 다닥다닥 붙어 있다. 사람들은 빨랫줄을 셸터에 연결하고 빨래를 말린다. 빨랫줄을 따라서 걷고 계단을 오르락내리락하는 중간에는 가정폭력을 당하는 여성의 소리가 들리기도 한다.
5분을 걷고 나면 온몸이 땀투성이다. 인터뷰를 하기로 한 여성의 집 안에 들어가면 캄캄하고 통풍이 잘되지 않는다.
오늘 인터뷰를 허락한 누르(가명)는 2017년에 학살을 피해 미얀마에서 방글라데시로 넘어오자마자 결혼을 주선해준다는 사람들을 만났다. 그리고 가족들의 권유에 따라 결혼을 하기 위해 수도인 다카로 이동했다. 나이 든 남자와 결혼해야 해서 가기 싫었지만 부모님이 원해 어쩔 수 없었다. 결혼 중개인을 따라 도착한 다카의 장소에서는 여러 사람들이 피가 낭자한 곳에서 고문당하고 있었다. 누르는 무서워서 아무것도 할 수 없었다. 가지고 온 신부 지참금과 큰 돈을 그 사람들에게 모두 주자, 같이 왔던 중개인들이 다시 콕스바자르로 돌려보내주었다. 나중에 알게 된 사실은 그들이 결혼 중개를 이용하는 조직적인 인신매매범이라는 것과 당한 여성이 한두 명이 아니라는 것, 일부 여성은 납치되어 성매매 산업에 내몰리게 된다는 것이다.

닮았다는 것이다. 처음 꼬히누르를 본 날은 부둥켜 안고 울었다. 그리고 매일 와서 꼬히누르를 하염없이 바라본다. 그리고 자신은 지금 행복하고 평화롭다고 한다. 그리워했던 사람을 마침내 봤을 때의 눈빛이다. 꼬히누르는 밝게 "섭셔머이 꼬히누르 아쎄!(언제나 꼬히누르 여기 있습니다!)"라고 외친다. 전사들이 샨티카나를 바꾸고, 샨티카나가 전사들을 바꾸어나가고 있다. 상호 의존하며 서로를 돌보는 시간 속에서 스스로 살아갈 힘을 모두가 조금씩 나누어 갖게 된 건 아닐까.

고수들에겐 문제없다. 직원들을 샨티카나로 매일 데려다주는
운전기사 하빕은 노래와 춤판이 벌어질 때마다 항상 전혀 놀랍지
않다는 반응을 보인다. 이들은 모두 힘들더라도 "서머샤 나이!
아스떼, 아스떼(문제 없어요! 천천히, 천천히)"를 외치고 웃으며
현재의 시간을 충실히 살아가고 있다.
그리고 전사들은 샨티카나에서 같이 성장한다. 이들은
내가 방글라데시에 오기 전에 들었던 모습과도 다르고,
방글라데시에서 처음 만났던 모습과도 다르다. 계속해서 캠프를
오가며 이들도 변화하고 있다. 지금은 최고의 문해수리 교사로
불리우는 지니아는 처음에는 수줍음이 많아 나에게 거의 말을
걸지 않았다. 겁도 많아서 캠프에 가는 것도 극도로 무서워했다.
하지만 최근에는 캠프를 종횡무진하며 로힝야 여성들에게
자신의 업무까지 인계하고 있다.
누구보다 밝은 에너지를 가지고 있는 방글라데시 직원인
꼬히누르는 한때 자신감이 부족하고 소극적인 직원으로
알려져 있었다. 하지만 지금은 아무리 어려운 과제가 주어져도
가장 먼저 손을 들고 "화리보, 아임 컨피던트(가능합니다!
자신있어요)"를 외친다. 남성이 많은 바닷가 한가운데에서도 눈치
보지 않고 다섯 시간 동안 춤과 노래를 즐긴다.
마지막으로, 전사들은 단순히 주어진 일을 하는 것이 아니다.
이들은 샨티카나의 한 부분이다. 최근에 센터에 방문하기 시작한
한 노년 여성은 꼬히누르를 보러 센터에 매일 온다. 꼬히누르가
미얀마 대학살 때 죽었던 자신의 조카 딜라를 너무나도

전사들

RWWS의 모니터링 및 평가 매니저인 자말은 방글라데시 여성 직원들을 전사라고 부른다. 특히 여성 직원들이 캠프 현장 활동을 마치고 시내로 복귀한 뒤, 또 일을 하러 사무실로 걸어들어올 때면, 감탄을 내뱉으며 '전사들이 온다(warriors are coming)'고 읊조린다. 무더운 날씨에 땀을 잔뜩 흘린 상태로 히잡을 펄럭이며 들어오는 여성들은 자신이 맡은 일에 최선을 다하고 즐기는 고수의 모습이다. 캠프를 오가다 보면 전사들과 로힝야 여성들의 풍경 속에서 무언가 변화하고 있다는 것을 느끼게 된다. 일단 캠프에 들어섰다 하면 다들 서로서로 안부를 묻기 바쁘다. 한 심리지원단 여성은 샨티카나의 여성들이 가족처럼 생각하며 리더라 생각하고 따르는 방글라데시 직원 루미가 일을 그만두면 자기도 그만두겠다고 말하기도 했다. 모든 여성들이 루미의 양팔을 잡고 늘어진 적도 있었다. 샨티카나에 오는 로힝야 여성, 수용공동체 여성들과 이들이 진심으로 관계 맺기 하고 있다는 걸 캠프의 출퇴근길에서 매일 느낀다. 지나가는 여성들이 건네는 인사 한마디, 안부를 묻는 순간의 표정들 속에서 서서히 무언가 쌓이고 있다는 걸 느낀다.

그리고 전사들은 무엇보다 일을 즐긴다. 덥고 불편한 캠프에서의 일도 힘들지만, 이를 다시 문서화하는 일도 굉장히 강도 높은 업무이다. 하지만 매일같이 캠프를 왕복하는 차에서 방글라데시 노래, 인도 노래를 부르고 춤을 추며 스트레스 관리를 하는

어떤 여성이 바람 나서 도망쳤다는 등 가십거리가 시작된다.
그러면 주위의 여성들도 점점 흥미를 갖고 모여들어 사랑방이
북적북적해진다. 이럴 때 내가 나타나면, 로힝야 여성들은 내가
알아듣거나 말거나 유창한 로힝야어로 말을 걸곤 한다. 캠프에서
지내면서 생활 로힝야어를 많이 배웠지만 이럴 때면 당황스럽다.
"끼알라이 아푸 샨티카나 아쇼?(왜 샨티카나에 오세요?)"
내가 이렇게 짧은 로힝야어로 말을 걸면 주변에 있는 여성들은
모두 크게 웃는다. 샤히다는 조금은 평범한 내용으로 대답한다.
'샨티카나의 프로그램 중 숨쉬기 명상 활동을 하면 기분이
나아지며 여성들과 대화 나누는 것도 좋고 간식도 준다.
하지만 간식이 적다….' 그러다 대답이 길어지면서 점차 자신의
속이야기를 하기 시작한다.
샤히다는 미얀마에서 가족과 이웃을 잃었다. 6년이 지났지만
미얀마 군인들이 그들을 어떻게 죽였는지, 여기까지 어떻게
피난을 왔는지 모두 기억하고 있었다. 샤히다는 가만히 집에 있을
때, 자기 전에 눈을 감을 때 그 장면이 떠올라서 괴롭다고 말하며
눈물을 흘렸다. 주변에 있던 로힝야 여성들은 모두 동조하며 각자
자신의 괴로웠던 기억을 나누기 시작한다. 이런 무거운 이야기를
꺼낸 후에도 집 밖을 나와 다른 여성과 대화를 나누고 간식을
먹으면 잊을 수 있다며 웃는 샤히다의 얼굴이 눈에 선하다.
샨티카나에서의 만남 속에서는 이런 질문과 대답이 매일
반복된다. 울다가도 아무렇지 않은 듯이 웃고 다시 울고 웃는
일상에서 살아가는 사람들이 여기 있다.

샨티카나

"샨티카나는 당신에게 무슨 의미인가요?"라고 로힝야 여성들에게 물으면 비슷한 답변들이 나온다. 뜻 그대로 평화의 집, 평화의 둥지, 남성이 없어서 편한 곳, 내 직장, 국수 만들어주는 곳, 내 이웃이 추천해준 곳, 많이 방문하면 상품 주는 곳 등등 각자 다른 의미를 마음에 품은 채, 이들은 샨티카나를 찾아온다. 샨티카나에 40회 이상 방문한 여성 샤히다(가명)는 캠프의 끝자락에서 살고 있다. 샤히다의 집에서부터 셸터가 다닥다닥 붙어 있는 구불구불한 흙길을 걷다 보면 캠프를 둘러싼 철조망이 보이고 캠프 내에서 가장 큰 시장을 지나 다시 좁은 길을 걷는다. 그렇게 20분 정도 걷다 보면 눈앞에 샨티카나가 나오고 샤히다의 온몸은 땀으로 젖어 있다. 샨티카나의 옆에는 현재 분리수거와 퇴비 제작이 이루어지는 쓰레기 처리장과 방글라데시 주민의 농지, 셸터들이 있다. 더불어 샨티카나 앞에는 노년의 남성들이 모여 차를 마시거나 담배를 피우곤 하는 정자 같은 곳이 있다. 캠프에는 아이들이 공부하는 러닝 센터와 종교학교인 마드라사라는 곳이 있어서 어린아이들이 가끔 샨티카나로 찾아와 말을 걸거나 물건을 던지는 장난을 치기도 한다.
샤히다는 샨티카나에 도착하면 심리지원단 여성들에게 인사를 건네고 사랑방에 앉아 잡담을 나눈다. 서로 가족의 안위를 먼저 묻고 이런 이야기 저런 이야기를 나누다 보면, 주변에

2022년 콕스바자르에서 약 1년을 보내고 한국에 돌아온 뒤
2023년 다시 콕스바자르행 비행기를 탔다. 다카에서
콕스바자르로 가는 하늘 위에서 바깥을 내다보니 캠프가 살짝
보이려다가 말았다. 점차 콕스바자르 시내 쪽으로 날아가는데
저 아래로 작년에 내가 살던 집과 프로젝트 사무실이 생생하게
보였다. 미니어처같이 보이는 지구의 아주 작은 점에서 우리
팀과 로힝야 여성들이 또 열심히 살아갈 것이라는 생각에
웃음이 나왔다. 이 글은 콕스바자르의 난민 캠프에서 살아가는
용기 있는 사람들을 응원하기 위해 만든 인스타그램 계정
'켄아소?'(@ken_aso_ 로힝야어로 '잘 지내세요?'라는 뜻)의
기록을 바탕으로 한다. 이것은 2023년 2월, 다시 돌아온
이곳에서 다시 만난 강인한 여성들과 살아가는 이야기이다.

비바

샨티카나의 여자들 :   샨티카나를   사람들의 일상
               돌보는

목격하고 있는 느낌이다.

이런 여성들의 활동이 금기를 깨는 것이라고 부정적으로만 보아왔던 로힝야 남성들도 점차 여성들이 이렇게 활동함으로써 얻는 변화를 긍정적으로 바라보게 되었다. 여전히 거리를 걸으면 여성들의 길을 가로막고 시비를 거는 남자들도 있지만, NGO에서 일한다고 하면 길을 비켜주거나, 아푸라고 부르며 존중해주는 남자들도 생겼다. 여자는 집에서 밥을 해야 한다고 생각했던 시어머니와 남편이 이제는 아내가 하는 활동을 우리 로힝야를 위하는 일이라고도 하며, 여자가 배운다는 것은 좋은 것 같다고도 이야기한다. 여성의 활동을 지지하는 가족들이 생기고 있다.

샨티카나는 사람들이 모여서 울고 웃으며 서로를 치유하는 것을 넘어서 가족과 공동체에 변화를 만들면서 성장하는 디딤돌이 되고 있다. 이 공간에서 여성들은 배우고, 싸우고, 화해하고, 해결하고, 서로 도우며 살아간다. 여성들이 샨티카나 공동체에 작은 돌을 던져 파장을 일으키며 역사를 만들어가고 있다.

샨티카나는 활동을 시작한 2018년부터 국제사회로부터 주목받았다. 최대 40여 명이 모여 재봉틀 교육 등을 받는 프로그램은 있었지만, 로힝야 여성들 수십 명이 한 공간에 모여서 공부하고, 다른 여성들을 조직해서 그룹을 만들고, 그 그룹에서 심리 지원을 하고, 완장을 찬 여성들이 매일 출근해서 일을 하는 등의 사례가 캠프에서 없었기 때문이다. 그래서 UN WOMEN이나 BBC 등에서도 샨티카나를 찾아와 여성들과 영상 촬영 활동을 하기도 하고, 여성들을 인터뷰하기도 했다.
샨티카나를 방문하는 사람들은 우울하고 슬프기만 할 것 같은 로힝야 캠프에서 활짝 웃고 떠들며, 강력한 에너지를 가지고 활동하는 여성들을 보고 깜짝 놀랐다고 말한다. 그런 이야기를 들을 때마다 나는 처음 로힝야 여성을 만났을 때의 무거움을 기억하지 못하고 "어? 그래?"라며 흠칫 놀라지만, 그렇게 웃는 모습에 익숙해져 있었다는 걸 깨닫고 이내 뿌듯해진다. 여성들이 함께 모여 웃고 떠드는 것이 나의 마음을 굉장히 흥분시킨다는 것도 알게 되었다. 방글라데시에 올 때면 무더위에 기운이 떨어지지만 이 공간에 가면 없던 기운도 불끈 솟는 이유이다. 여성들의 적극적이고 활발한 에너지는 여성을 캠프 리더와 같은 마지로 배출하는 결과로도 이어졌다. 보수적인 로힝야 문화에서 여성이 마을의 대표자로 선출되는 일은 흔하지 않다. 이웃이 싸우고 있으면 여성이 중재하기도 하고, 여성들의 권리를 강력하게 이야기하기도 하는 모습을 보면 한국에서 만났던 멋진 여성들이 떠오른다. 여성이 만들어가는 역사의 현장을 두 눈으로

틀을 놓치게 되기에 전체 흐름을 살펴보기 위해 다른 캠프들도 살피는 것이다. 또한 캠프 14에 있는 교육 공간, 여성 공간을 방문해 우리 활동을 소개하고, 또 다른 공간이 어떻게 운영되는지도 살펴본다. 이렇게 한번 다녀오면 직원들은 갑자기 샨티카나 공간을 더 꾸미기 시작한다. 다른 공간들은 알록달록하고 벽에 붙여놓은 장식이 많기 때문이다. 하지만 웃음과 에너지가 넘치는 공간으로는 샨티카나를 따를 곳이 없다고 자부한다.

약 6,900개의 가족, 3만 5,000명이 살아가는 캠프 14에서는 개인 셸터를 제외하고 캠프에 있는 건물들(역시 대나무와 방수포로 지어진) 대부분이 CiC 오피스와 구호품 배분소, 모스크, 보건소, 러닝 센터, 여성 센터이다. 특별한 목적이 있지 않는 한 마음대로 드나들기가 쉽지 않은 곳들이다. CiC 오피스와 구호품 배분소는 행정 처리나 구호품을 받기 위해서 가는 곳이고, 모스크는 주로 남성들이 드나드는 곳이다. 그리고 보건소는 감기나 두통 등 가벼운 증상을 완화하기 위해 찾는 곳이고, 러닝 센터는 아이들이 가는 곳이다. 여성 센터조차도 8,000명의 성인 여성들이 무작정 찾아가기가 쉽지 않다. 하지만 샨티카나는 힐링 프로그램이 운영되는 한 성인 여성 누구나 자유롭게 드나들 수 있다. 그리고 그곳에 가면 여러 명의 여성들이 늘상 머물고 있고, 간식과 차를 마시며 수다를 떨 수 있다. 척박한 곳에서 그래도 내가 문 열고 무작정 나설 수 있는 곳이 있다는 것이 얼마나 든든할까 싶다.

함께하는 사람들과 마을이 있고, 함께 농사를 짓고 물건을
나누며 소박한 일상을 보내는 곳이다. 돈과 욕심이 없는 곳.
하지만 자본주의의 편리함을 누리고 사는 곳에서는 쉽지 않다.
가난한 사람들, 억울한 사람들, 소외받는 사람들과는 그런 꿈을
함께 꿀 수 있다는 믿음이 있다. 아무것도 없는 곳이기에 이
무너진 곳에서 다시 쌓아 올릴 것들이 많이 남았다는 믿음,
그렇게 다시 쌓아 올리는 것은 무언가 다를 것이고 특별할
것이라는 믿음이다.

그래서 로힝야 사람들을 만난 콕스바자르 난민 캠프는
내게 설레고 가슴 뛰는 공간이다. 답답함과 간절함을 품고
살아가면서도 낯선 외국인에게 수많은 질문, 어색한 인사,
따뜻한 웃음, 선뜻 집 안으로 초대하는 환대를 건네는 공간이다.
한국에서 바쁜 일상을 살아가며 환대받는 경험이 많지 않은
나는 이곳에서 환대받고 위로받고 사랑받는다.

그리고 이곳은 내가 아끼는 동료들이 있는 공간이다. 함께 넓디
넓은 캠프를 돌며 공간을 알아보고, 서로 의논해 공간을 꾸미고,
함께 활동을 만들면서 삶을 만들어나가는 나의 동료들. 로힝야
난민 캠프에 가면 갈 곳이 있고, 만날 사람이 있고, 서로의
안부를 물을 수 있는 관계가 어딘가에 있다는 연결 감각은 삶을
한층 더 풍부하게 만든다.

캠프를 방문할 때마다 프로젝트 직원들과 함께 다른 캠프들을
살폈다. 콕스바자르에는 34개의 캠프가 있고 각 캠프의 지형도
조건도 다양하다. 우리 캠프만을 보면 인도적지원 분야의 큰

수 있는 아지트 같은 곳이 있다는 것이 각박한 캠프 생활에서
숨구멍 같은 것이 아니었을까. 가슴이 답답할 때, 박차고 나가고
싶을 때 갈 곳이 있다는 것만으로도 얼마나 위로가 되는가.
조심스러운 판단이지만 샨티카나의 여성들에게는 이런 것들이
어쩌면 고향을 떠나오면서, 가족을 상실하면서 예상치 않게
얻게 된 새로운 경험일 것이라고 생각한다. 부모와 아이와 함께
살았던 미얀마 라카인에서도 로힝야 여성들은 자유롭지 못했다.
미얀마 군부에 의해 제도적으로 차별받으며 제대로 된 교육을
받지 못했고, 자유롭게 이동하지 못했으며, 늘 착취당했기
때문이다. 방글라데시로 강제 피신해 왔기 때문에 새로운 인생을
살아볼 기회를 갖게 된 것일지도 모른다.
"미얀마에서 나는 그냥 로힝야 여성이었지만, 이곳에 와서
로힝야 여성 공동체에서 존중받는 '아푸(존칭)'가 되었고,
전문적인 일이 있고, 길거리를 활보하고, 남성들 앞에서 나의
NGO 활동에 대해 당당하게 말할 수 있게 되었고, 영어로 서명을
하게 되었다."
스스로를 자랑스러워하며, 방글라데시에 와서 좋은 점이 있다면
이런 것이 아니겠냐고 웃는 여성들의 자족적인 위로를 힘으로
삼아, 감히 샨티카나에서의 생활을 긍정적으로 바라보려 한다.
샨티카나는 어느 곳에서 어떤 상황이든 내 삶을 억척스럽게,
하지만 살 만하도록 꾸려나가는 여성들의 강인한 회복탄력성이
빛을 발하는 곳이다.
나는 늘 어떻게 살아갈 것인가를 꿈꾼다. 내가 꿈꾸는 세상은

만들었다고? 협력단체 대표인 라지아 술타나의 외침이 귓가에 맴돈다.
"별빛! 이곳에 가든을 만든다는 생각을 어떻게 했어? 오! 신이여!"
2018년 로즈 센터로 불리던 여성 커뮤니티 센터는 그렇게 공간을 확장하고, 힐링 프로그램으로 재구성하며 새로 태어났다. 여성들은 이제 이 공간을 샨티카나(Shanti-Khana, 평화의 집)라고 불렀다. 첫 해 내내 마음이 평화로워지는 훈련을 받은 여성들은 '마음'과 '평화'라는 영어 단어를 가장 많이 들었을 테다. 그렇게 마음이 평화로워지는 경험을 한 여성들이기에 이 공간에 오면 느끼는 편안한 마음을 평화라고 개념 짓고 샨티카나라고 명명하고 싶지 않았을까. 샨티카나는 그렇게 여성들이 마음을 두는 곳이 되었다. 아무것도 가진 것 없이 맨몸으로 콕스바자르 산능성에 방수포를 세우고 삶을 새로 시작하는 막막함을 뒤로한 채, 샨티카나의 활동을 통한 몸의 움직임으로, 낯선 배움으로, 낯선 관계로 에너지를 집중하게 되면서 다시 지금 여기에 존재하는 나의 중심을 찾게 되지 않았을까. 미얀마로 향하는 기억과 마음을 지금 여기에 붙들어두며 하루를 꾸려나가지 않았을까. 어렵고 새로운 것을 배우고, 시시한 상황에서 웃고 떠들면서 '함께'하는 다른 여성들과 같이 살아가고 있음을 확인하며 덜 외롭지 않았을까. 아무도 알지 못해 두렵기만 했던 캠프 생활에서 로힝야 여성 친구들을 수십 명 사귀고, 아침에 일어나면 채비를 하고 드나들

든든해졌고, 마음이 편안해졌다. 그 친절한 몸으로 보여주는
위로와 따뜻함이 마음 저 깊은 곳을 건드렸다. 이 따뜻함 덕분에
로힝야 캠프의 여성들은 오늘도 조금씩 치유를 이어나간다.
2023년 기준 6,000여 명의 여성들이 샨티카나를 방문한 것도
이 따뜻함이 그립고 친구들과의 수다가 그리워서가 아닐까
싶다. 심리 치유 엑서사이즈를 하면서 실제로 몸에서 일어나는
변화들이 그녀들의 마음이 괜찮아지고 있다고 말하는 것일까.
그녀들은 자신들이 괜찮아지는지도 모르게 괜찮아지고 있는
듯이 보였다. 하루하루 만나고, 웃고, 떠들면서.

평화의 집에서

매일 마음속에 살아 있을 미얀마의 집을 로힝야 여성들이
이렇게나마 느꼈으면 했다. 마당 안에서 뛰어다니는 닭들을
보고, 호이야, 소잇, 휠을 키우고 따서 밥상을 차리던 일상을
되찾게 하고 싶었다. 이곳에서만큼은 서로 웃고, 울고, 이야기를
나누고, 음식을 나눠 먹고, 아이들이 뛰어놀 수 있었으면
했다. 100만 명이 밀집해 있는 탓에 옆집 셸터에서 무슨 일이
일어나는지 다 들릴 정도로 좁은 곳에서 여유로운 텃밭이라니!
힐링 센터를 방문한 다른 NGO 기관 활동가들은 연신
놀랍다는 말을 반복했다. 그것도 농사가 아닌 치유를 목적으로

활용할 수 있게 연습하도록 해주는 지침서와 같다. 내 삶에 대한 통합적인 접근을 한다면 나와 주변과 세상을 좀 더 포괄적으로 볼 수 있으며 몸, 마음, 영적 성장을 도모할 수 있다는 관점이 들어 있다. 우리가 만들게 될 새로운 센터, 힐링 센터는 어떻게 살아갈 것인가에 대한 안내를 받는 지침서로서, 쉽지 않은 삶의 여정 안에서 조금 더 편안한 삶을 지속 가능하게 해줄 것이다. 이러한 의미를 바탕으로 지금과 같은 힐링 존 프로그램이 구성되었다.

한 시간 남짓 걸리는 힐링 존 프로그램 후에 로힝야 여성심리지원단이 만들어준 간식을 먹으며 출출한 배를 달래는 시간은 가장 인기가 좋다. 그리고 여성들은 텃밭의 싱싱한 초록빛 식물들을 보면서 미소짓는다. 미얀마 고향집의 밭을 떠올리며 긴 이야기를 시작하기도 한다. 이곳을 찾은 한 할머니는 텃밭에 매달린 호박을 줄 수 있냐고 물었고, 심리지원단은 흔쾌히 호박 세 개와 다른 야채를 따서 할머니 품에 안겨드렸다. 한국의 트레이너들은 로힝야 여성들에게 늘 따뜻한 미소로 몸을 향하고, 눈을 맞추고, 마음으로 듣고, 오늘 몸과 마음은 어떤지 물었다. 어깨에 손을 올려도 되는지, 손을 잡아도 되는지 늘 미리 물었다.

그런 정성을 배운 로힝야 여성심리지원단도 힐링 센터 힐링 존 프로그램에 오는 다른 여성들에게 그렇게 똑같이 대했다. 힐링센터에 들어서면 두 명의 심리지원단이 방문자에게 반갑게 인사를 건네고, 양옆으로 다가가 따뜻하게 말을 걸고, 친절하게 안내를 했다. 방문자는 자신이 특별한 존재가 된 것마냥 수다 떨 수 있는 편한 공간, 아이를 맡길 수 있는 공간, 하지 못한 공부에 대한 꿈을 이루는 공간이길 바랐다.
콕스바자르에서 방콕을 경유하여 인천으로 날아오는 새벽 비행기에서 일행들과 바로 옆자리에 앉아 노트북을 펼치고 엑셀표에 공간 구성을 하던 날이 새록새록 떠오른다. 공간을 책임질 로힝야 여성심리지원단을 배정하고, 수용 인원을 계산하면서 신나하던 그 순간이 어제 같다. 신차선 박사님과 나는 이 공간에 들어서면 저절로 힐링이 되는 프로그램을 만들자고 했다. 마치 치유 공동체를 꾸리는 것처럼, 유토피아를 꿈꾸는 것처럼 구상했다. 약 한 시간 정도로 프로그램을 받고 나면 '잘 쉬었다, 마음이 편안해졌다'라고 느낄 수 있는 공간이 되길 꿈꿨다.
공간 안에서 치유되고, 살아갈 힘을 얻고, 치유의 힘으로 사는 법을 배우려면 치유의 삶을 살도록 안내할 공간이 필요했다. 신 박사님은 그 방법으로 켄 윌버의 통합비전을 소개해주었다. 몇 년 전에도 신 박사님의 교육을 받기는 했지만 통합비전을 로힝야의 문화적 맥락을 고려해 현실에 구현하기는 쉽지 않았다. 우리는 새로운 센터가 소우주라고 생각했다. 센터에 들어오면 우리의 또 다른 삶이 시작되는 것이라고 여기며, 센터 안의 프로그램이 우리 삶의 여정이 되게 하자는 마음을 공간에 담았다. 통합비전은 삶이라는 여행을 평화롭게 살아가기 위해 통합적인 지도를 그려보는 것이다. 그 지도는 의식의 물결이 전개되는 과정으로 구성되어 어떤 상황에서든 모든 자원을 자리매김하길 바라면서 커뮤니티 센터라는 역할을 주었고, 여성들은 이곳에 '로즈 센터(Rose Center)'라는 이름을 지어주었다.

6개월 동안 로즈 센터를 운영하다 보니 60명의 여성들이 모여서 교육을 받고 그룹을 나눠 활동을 하기에는 상당히 비좁고 효율적인 교육이 이루어지기 어렵다는 문제가 보였다. 그래서 2019년에 로즈 센터가 위치한 시장터의 전체를 임대하고 싶다고 땅주인에게 문의했다. 그런데 이미 큰 국제 NGO에게 임대를 해주기로 약속이 되어 있다는 말을 들었고 우리의 꿈은 물거품이 되는가 싶었다. 100만 명의 인구가 밀집해 있는 이곳 캠프에서 더 이상 여유 공간을 구하기는 어려운 일이었다. 간절한 마음으로 그 공간을 임대하기로 한 사람들을 만나 상황을 설명하고, 땅주인을 설득했다. 땅주인의 집에 가서 밥도 얻어먹고 가족들과 관계를 맺었다. 방글라데시 직원들과 가까운 관계인 데다 우리 사업에 호감도 있었던 땅주인은 우리에게 장터 전체를 내어주기로 결정했다. 그렇게 얻게 된 공간에서 우리는 지금까지 터줏대감처럼 자리를 잡고 있다.

1년 내내 열려 있을 공간을 마련하게 되자, 우리는 그 공간을 효율적으로 사용하기 위한 논의를 시작했다. 여성들이 교육받고 교육할 수 있는 공간, 상시적으로 열려 있어 누구라도 찾아와 마음을 쉴 수 있는 공간, 몸을 누일 수 있는 안락한 공간, 그리고 미얀마의 고향에서처럼 마음 편하게 호이야(파파야), 소잇(콩), 휠(오이)을 키워 나눠 먹으며 마음이 넉넉해지는 공간, 이웃과 다녔다. 캠프의 중간에 위치할 경우, 캠프 여기저기에서 오는 여성들 모두에게 좋은 위치이지만 여성들의 모든 활동과 소리가 커뮤니티로부터 감시받을 우려가 있었다. 반면, 캠프의 끝에 위치할 경우에는 CiC 사무소나 도로와 너무 멀어서 공간 관리가 어려울 수 있었다.

이런 점들을 고려하여, 캠프 14에 속해 있으면서도 여성들의 소리가 밖으로 들리지 않고, 여성들이 무서워할 정도로 너무 외지지 않으며, 커뮤니티와 약간의 거리가 있는 C구역과 D구역 근처의 땅주인과 협상을 마쳤다. 이전에 시장터로 쓰였던 공간이라 다 무너져가는 대나무 구조물의 흔적이 남아 있어 그곳의 일부를 리모델링해서 사용하기로 하고 약 60제곱미터(약 18평)의 크기로 교실 두 칸을 구성했다. 대나무와 나무로 골격을 세우고 알루미늄 강판으로 지붕을 덧대 열흘 만에 그럴싸한 공간을 만들었다. 캠프를 오가는 방글라데시와 한국인 직원들을 위한 오피스 로힝야 여성들의 공간, 이렇게 두 구역으로 나누고 오피스를 거쳐야 센터로 들어갈 수 있도록 공간을 구성하여 외부인의 출입으로부터 여성을 안전하게 보호했다.

그러던 중 여성들이 사람들의 이목이 집중되기 쉬운 공터에 위치한 공공 화장실 이용을 불편해한다는 점을 알게 되어 교육 공간 뒤쪽에 화장실을 별도로 설치했다. 화장실 설치 이전에는 화장실을 잘 가지 않던 여성들이 여성들만의 화장실이 설치된 후에는 자주 사용하게 되었다. 이곳이 서로의 삶을 나누고 지원하며, 함께 배우고 성장하는 공동체의 공간으로

둥그렇게 둘러앉아서 교육을 듣던 여성들은 항의하는 남자들의 목소리와 아이들의 까만 눈을 살피느라 집중하지 못했다. 아이들의 호기심을 돌리기 위해 즉석 놀이를 만들어 한바탕 뛰기도 했고, 교육 장소에 몰려든 공동체 어르신들과 나무 밑에 앉아 밀크티를 대접하고 한국 이야기를 나누며 우려를 누그러뜨리기 위해 애썼다.

여성들과 같이 활동하며 관계를 맺어나가기 시작하면서 점차 캠프 내에 여성들이 편하게 갈 수 있는 곳이 없다는 것을 알게 되었다. 여성들은 대부분 셸터라고 불리는 좁은 집 안에서 시간을 보내고, 남성의 동행 없이는 외출도 어렵기 때문에 치료를 위해 보건소로, 밤에 물을 뜨기 위해 우물로, 구호품을 받기 위해 배분 장소로 가는 것 외에는 갈 곳이 없었다. 그리고 로힝야의 보수적인 젠더 규범상 집 밖 어디를 가든 남성들의 눈에 의해 행동거지를 감시당해야 했다.

우리는 로힝야 여성심리지원단을 위한 교육 공간에서 여성들이 하루 중 상당히 많은 시간을 보낸다는 점을 고려하여, 남성들로부터 독립적이면서 아무나 함부로 들어오지 못하는, 그래서 안정적인 '우리만의' 공간으로 구성을 다시 하기 시작했다. 화장실도 있어야 했고, 물도 마실 수 있어야 했고, 원룸이 아니라 프로젝트 직원들이나 손님들과는 구분되는 공간이 있어야 했다. 그렇게 우리는 다시 여성들만 온전히 머물 수 있는 독립된 공간, 여성들이 마음껏 이야기하고 박수치고 거닐 수 있는 교육 공간을 마련하기 위해 캠프 14의 공터를 수소문하며 터를 보러

교육을 할 수 있는 공간이었다. 얼마 후 로힝야 남성들의 도움을
받아 수소문 끝에 캠프 내 빈 셸터를 빌렸다. 산처럼 언덕이 높은
캠프14의 오르막 어딘가쯤 다른 셸터들 속에 위치한, 방수포로
벽과 지붕을 구성하고 흙바닥에 방수포를 깐 공간이었다.
그곳에서 두세 개의 셸터를 지나면 마스지드(로힝야 사람들이
이슬람교의 예배 및 집회 장소 모스크를 부르는 말)가 있고,
좁은 흙길을 오르락내리락하는 위치라 많은 사람들이 오가지는
않았지만, 이웃 셸터의 목소리가 옆에서 나는 소리처럼 잘 들리는
공간이었다.
화장실도 살림살이도 없는 그냥 텅 빈 하나의 공간에 여성들과
프로젝트 직원들만 가득찬 모습으로 교육을 시작했다. 하지만
로힝야 여성들도 모두 이런 셸터 공간에 살고 있기 때문에
아무도 이곳을 누추하다고 말하지 않았다. 백만 명의 인구가
밀집해 있어 빽빽하기만 한 이곳에서 그저 이런 공간을 구할 수
있게 된 것에 감사했다. 이제 이곳에서 하고 싶은 것을 다 해보고
싶은 마음이 들었다.
여성들의 교육이 있던 날, 바깥에서 로힝야 남성들이 몰려와
'우리 여자들을 모아놓고 무엇을 하는 것이냐'며 항의를 했다.
그리고 심리 지원 첫 번째 교육을 마쳤을 때, 아래 마스지드에
있던 이맘이 예배에 방해된다는 이유로 교육 중단을 요청했다.
여성들의 소리가 밖으로 새어나온다는 것에 대한 문제제기였다.
캠프 내에서 무료했을 아이들이 몰려와 대나무와 방수포 사이에
손가락을 집어넣어 틈을 만들어 까만 눈을 들이대며 낄낄댔다.

교육에 대한 논의를 멈추지 않았다. 방콕 공항에서는 환승을 기다리며 회의를 하다가 힘들면 돗자리를 깔고 누워 침낭을 덮고 잠들었다. 지난 교육과정을 다시 돌아보고, 교수법을 평가하고, 로힝야 여성심리지원단 여성들에 대해 이야기하고, 다음에 진행될 교육과 앞으로의 방향에 대해 논의하는 시간은 비행기 안에서도 계속 이어졌다.

사실 첫 번째 해는 나를 돌아볼 여유조차 없었다. 매월 진행되는 로힝야 여성심리지원단 교육과 방글라데시 직원 교육, 그리고 출장 준비가 이어졌다. 출장 준비에는 현장 일정을 잡고, 트레이너의 일정을 확정하고, 항공권을 예약하고, 비자를 발급하고, 보험을 가입하고, 다시 현장의 세부 일정을 조율하는 등의 일이 포함되었다. 교육과정을 예약하고 조율하는 과정이 상시로 진행되었고, 프로젝트가 처음인 파트너 단체와 직원들과 함께 프로젝트도 이끌어야 하기에 국경을 넘나드는 페이스북 메신저는 한순간도 쉬지 않았다. 그때 로힝야 여성 심리 지원을 위한 땅을 고르고, 파고, 나무를 심고, 집을 지은 모든 사람들이 한마음이었던 듯싶다.

여성들의 돌봄과 성장을 위한 독립된 공간을 만들다

로힝야 여성심리지원단 교육을 시작할 때에 가장 필요했던 것은 가게의 과자와 과일로 배를 채웠다.
샤워하다가 갑자기 물이 안 나오기도 했고, 바퀴벌레와 모기는 공간의 주인인 양 활보했다. 마음의 평정을 유지하기 쉽지 않은 24시간 동안 매 순간마다 스스로 평화를 찾으며 주어진 일을 해야 했던 시절이었다. 그럼에도 몸살조차 나지 않았던 것은 로힝야 여성들의 마음의 위중함과 현실을 함께 이겨내보자는 절박함이 있었기 때문이었던 듯싶다. 그 후에는 힘들어서 몸에 병이 나기도 했지만 6년이 지난 지금 돌이켜보면 모두의 마음이 한곳으로 똘똘 뭉쳐 있던 그때가 참 행복했다.
콕스바자르에서 로힝야 여성들, 방글라데시 직원들, 파트너 단체 RWWS의 구성원들, 아디의 활동가들이 이 프로젝트에 몰입했다면, 한국에서는 단체 '사람들에게 평화를 심리사회지원 교육원'의 80여 명 선생님들이 매일같이 먼 거리에서 '평화챙김 명상'에 몰입해주었다. 집단학살을 경험한 생존자인 로힝야 여성들이 아픔을 어루만지고 평화로운 일상으로 정주할 수 있도록 단체 채팅방에서 매일 명상을 하고 평화기도문을 올려주었다. 이런 정성으로 교육이라는 것을 처음 받아본 로힝야 여성들은 점점 능숙한 심리치유자가 되어갔고, 웃음이 많아졌고, 목소리는 커졌다.
늘 바쁜 한국의 심리 치유 전문가들과 한국에서 콕스바자르로 떠날 때면, 1박 2일의 이동 시간 동안 방콕 수완나품 공항에서 국제선으로 환승하고 다카 공항에서 국내선으로 환승하는 1박 2일이라는 기나긴 이동과 대기 시간 동안 로힝야 여성심리지원단

서로를 받아들이며, 서로에게 익숙해졌다.

한국과 방글라데시를 넘나들며

로힝야 여성심리지원단을 양성하는 프로젝트는 단계적이고 반복적인 교육 모델이었지만, 사업으로 진행하기에는 많은 어려움이 있었다. 인도적 지원 민관협력사업에서 단 4명의 로힝야 여성을 교육하기 위해 12명의 한국 심리 지원 전문가와, 방글라데시 현지 스태프, 자금 등 자원 투입을 가장 많이 한 최초의 사업이지 않았을까.
나 개인에게도 많은 어려움이 있었다. 매일 캠프 활동을 마치고 콕스바자르 시내로 돌아오는 길이면, 여기저기에 구멍이 나서 울퉁불퉁하고 구불구불한 국도를 비행기보다 빠르게 달리는 차를 타야 했다. 방글라데시 운전 기사에게 "아스떼, 아스떼(천천히 천천히)"를 외치면 "무서우면 눈을 감아요~"라는 답변을 들으며 매일 편도 두세 시간 거리를 덜컹거리는 낡은 차를 타고 오갔다.
캠프 안에는 제대로 된 화장실이 없어서 화장실에 가는 일을 만들지 않기 위해 물도 아껴 마셨고, 점심을 굶어야 하기에 새벽 5시에 출근하기 전 눈도 떠지지 않는 상태로 로티(방글라데시 빵)와 짜(밀크티)를 입에 밀어넣고, 돌아오는 차 안에서는 구멍

고안했다. 먼저 4명의 여성을 교육하고, 4명의 여성들이 각각 친구 1명씩을 훈련시키면 8명이 훈련되고, 다시 이들이 각각 이웃 1명씩을 훈련하면 16명, 다시 32명이 되어 첫 해에 모두 60명이 되는 형태로 네트워크가 확장되는 방식이다. 이 단계적인 교육 방식을 설명하는 것조차 그림을 그리고, 계산기로 인원수를 계산하며 60명의 합이 만들어지는 과정을 보여주며 여러 번에 걸쳐서 이해시켜야 했다. 이렇게 첫 해에 훈련된 60명의 여성들로 인해 다음 해부터는 교육과정이 그리 어렵지 않게 진행되었고, 로힝야 여성들은 매주 목요일마다 모여 잊지 않기 위해 복습을 하는 등 스스로 교육을 이어나갔다.

방수포로 만든 작은 셸터를 빌려서 첫 번째 심리 지원 교육이 열리던 날, 심리지원단에 참여하는 여성들의 자녀나 친척 들이 서너 시간에 걸쳐 수시로 드나들었다. 자신의 가족이 이곳에서 당최 무엇을 하게 될지 이해하지 못했을 그들은 '내 가족이 안전한가'를 살피려 했을 것이다. 그리고 저 외국인들이 뭐라고 하는지 귀 기울여 들었을 것이다. 그렇게 여성들이 모여서 무언가를 하는 일들이 반복되자, 난민 캠프의 사람들은 더 이상 우리를 날카롭게 대하지 않았다. 그리고 우리는 로힝야의 문화를 존중하며 사업을 실행해나갔다. 일례로 여성의 소리가 밖으로 나오지 않게 하는 로힝야의 문화를 존중해서 소리 없는 박수를 고안했다. 여성들을 응원하고 지지할 때마다 소리 없는 박수, 일명 슈크리아 박수를 쳤다. 손바닥을 마주 치지 않고 스치듯 지나가게 하는 박수, 새의 날갯짓과도 같은 손짓이었다. 그렇게 대해 상상하는 세상이 서로 달랐던 것이다. 태어나면서 갖게 되는 감정과 그 감정이 갖는 사회적 의미가 다르다는 사실도 알게 되었다. 감정을 어떻게 세분화해서 표현하는가도 훈련과 습관이자 배워야 하는 과정이었다.

50분 정도의 교육 시간도 교육 경험이 없는 로힝야 여성들에겐 집중력을 떨어뜨릴 수 있는 긴 시간이기에 계속 다양한 교수법을 활용해야 했다. 천천히 단계적으로 실행해야만 했기에 시간을 충분히 들여야 했다. 교육 시간에 맞춰 자리에 앉아 있는 것도, 물음에 대답해야 하는 것도, 대화는 주고받는 것이라는 사실도 쉽사리 이해되지 못했다. 눈만 내놓은 로힝야 여성들은 고개를 끄덕이지도 않았고, 지금 '내 말을 듣고 있는 것이겠지?'라는 의문이 들 정도로 그저 눈만 깜박이는 듯싶었다.

프로젝트를 진행하면서 문자로 기록해야 할 다양한 사항들이 있는데 그 모든 것이 여성들의 기억으로만 전달되고 있었다. 그래서 문자로 기록할 여성 직원을 추가로 채용해야 했다. 여성들의 활동을 따라다니며 문자로 기록하고 챙겨야 하는 인력을 추가 배정해야 한다는 것은 재정이 빠듯한 프로젝트 운영에 어려움으로 작용했다.

'여자들이 이렇게 많이 모인 것 자체를 본 적이 없다'는 로힝야 여성들은 그저 이 시공간에만 흥미를 느끼는 듯싶었다. 심리 지원 교육은 집단 교육이 어렵구나 판단했고 트라우마를 다룰 때 굉장히 조심스럽고 세심하게 다가가야 하며 서로에 대한 이해도 필요했기에 피라미드 방식을 통한 단계적인 교육 방안을 활동에 관심이 있는 여성들을 모집했다. 하지만 이 여정도 쉽지는 않았다. 먼저 방글라데시 캠프 관리자인 CiC(Camp in Charge)의 관할 아래 마을 이장 역할을 하는 이맘(Imam, 무슬림 종교 지도자)과 마지(Majhi, 난민 캠프 내 로힝야 리더)를 수소문하고, 그들에게 우리 사업을 설명했다. 그중에는 '나도 상황이 좋지 않다, 우리를 지원하는 사업은 없느냐'고 묻거나, 여성들 말고 남성들의 활동은 없는지 정중히 묻는 이맘들도 있었다. 남성 없이는 여성의 외출이 금지된 로힝야 문화에서 이맘과 마지, 그리고 가족들의 동의까지 구하고 나서야 여성들은 우리 프로젝트에 참여하게 되었다.

하지만 이 중 교육받은 로힝야 여성들이 거의 없다는 사실이 프로젝트의 큰 걸림돌이 되기 시작했다. 로힝야 여성심리지원단 중에 글을 쓰고 읽을 수 있는 여성들이 단 한 명도 없었다. 미얀마 라카인주에서는 10~15세 소년과 소녀의 절반 이상이 학교에 다니지 않았으며 로힝야 캠프에 사는 난민들의 문자 해독률은 약 12%에 그친다. 더군다나 로힝야의 보수적인 종교문화적 관습으로 인해 여학생은 5학년 이후 학교에 다니지 않는 것이 보통이다. 생리가 시작된 소녀들은 성 기반 괴롭힘과 폭력 등으로부터 보호하기 위해 집에 머물게 하기 때문이다. 그렇기에 우리는 교재를 참고하거나 워크북을 사용하게 하는 등의 교육 방법을 쓸 수 없었다. 직접 얼굴을 보며 이야기하고 몸으로 보여줘야만 했다. 그림을 준비한다고 해도 문화적 맥락이 들어가는 그림은 서로의 이해를 헷갈리게 했다. 그림에

산들(이선후), 제제(표정애), 상큼이(오세선), 앨리스(이미연)가 트레이너로 여성들의 옆자리를 지켜주었다. 로힝야 여성들과 함께 사업을 운영해나가는 방글라데시 직원들에게도 교육이 동일하게 진행되었다. 프로젝트 직원들이 심리 지원 치유법을 이해하면 로힝야 여성들의 마음과 이 사업의 필요성에 대한 이해가 깊어질 것이라고 판단해 모두가 함께하는 과정을 거쳤다. 또한 RWWS의 이사들도 치타공에서 콕스바자르에 내려와 함께 교육을 받았다. 그 교육 경험을 통해 자신들의 마음 상태를 알아차렸고, 심리 지원의 필요성과 효과성을 몸소 경험하면서 우리 사업에 대한 이해를 깊이 해나가기 시작했다.

우리의 프로젝트는 아디도, RWWS도 신생 단체로서 쉽지 않은 '여성(젠더)'과 '심리 지원'이라는 분야에서 출발했기 때문에 처음부터 난관이었다. 방글라데시 프로젝트 직원도, 로힝야 난민 여성들도 모두 '심리 지원'이라는 단어를 처음 들어본다고 했다. 마음이라는 단어도, 트라우마라는 단어도 알지 못했다. 로힝야어와 뱅골어에 '트라우마'는 들어 있지 않았다. 태어나서 그런 말을 들어본 이가 없었다. '마음', '트라우마'라는 단어의 개념과 틀 속에서 삶을 살펴본 경험이 없었던 것이다. 하지만 사람의 마음을 다루는 섬세한 활동에 이론은 그다지 중요하지 않았다. 이미 존재하는 우리의 느낌과 경험을 어떻게 살피는지는 한국에서 온 심리 지원 전문가들의 도움으로 천천히 훈련할 수 있었다.

2018년 8월 프로젝트 스태프들과 캠프를 누비며 심리 지원 또 이웃 동료와 어제 오늘 있었던 일상을 나누고 한국인들과 어쩌고저쩌고 말을 나눌 정도로 친해졌다는 것이니까. 그것은 우리가 바라던 여성들 간의 지지와 연결망이 등장하고 있음을 알리는 신호였다. 이렇게 훌륭하게 5회의 교육과정을 완수한 여성들에게 '신체적 트라우마 상담 치유 기초 과정(Somatic Trauma Counseling Healing Basic Course)' 수료증을 발급할 예정이었으나, 글씨를 읽지 못하는 여성들에게 이 수료증은 큰 의미가 없었다. 그래서 2019년부터 승급 밴드(태권도 띠 체계를 차용하여 각 교육 단계마다 다른 색깔 밴드를 지급)를 만들어 선물하고 교육과정을 구분할 수 있도록 했다. 초급-중급-고급-최고급의 단계로 승급하는 것은 여성들뿐 아니라 프로젝트를 진행하는 우리에게도 큰 도전이었다. 시간이 지나며 여성들이 능력을 발휘하기 시작하면서 승급을 못할까봐 걱정하던 마음도 어느새 눈 녹듯 사라졌다.

2018년 하반기에만 총 5회의 교육이 진행되었다. 8월, 9월, 10월, 11월, 12월. 당초 4회의 교육만을 기획했지만, 현장에서 로힝야 여성들을 이해시키는 교육이 더디게 진행되어서 한 회를 더 늘렸던 것이다.

한국의 심리 치유 전문가인 신차선, 주혜명 박사님은 생계를 뒤로하고 매달 콕스바자르에 머물렀다. 그리고 단체 '사람들에게 평화를 심리사회지원 교육원'에 소속된 12명의 선생님들, 괜찮아(신차선), 보결(주혜명), 들꽃(신미화), 키아누(장동현), 잠자리(윤영주), 따손(박수경), 아람(강민주), 라온제나(황선유),

놀라웠다. 심리 지원에 대한 관심을 꽤 오래 이어온 나는 명상을 십 년도 넘게 했지만, 몸이 가벼워지는 느낌을 쉽게 느끼지 못했다. 그런데 이곳 로힝야 여성들은 명상을 하고 나면 몸과 마음이 가벼워졌다고 하면서 일상에서 명상을 실천했다. 화가 날 때마다 명상을 하며 마음을 가라앉힌다고 했다. 타시타시는 최고 인기 과목이었다. 로힝야 여성심리지원단들도, 자조모임 아이들도 음악에 맞춰 타시타시를 할 때면 무척 즐거워했다. 모니터링을 하느라 자조모임을 방문하던 나에게 아이들은 웃으며 내 앞에서 타시타시를 보여주었다. 셸터 안에서 여성들을 인터뷰하는 동안 아이들은 엄마 옆에 앉아 파트너 요가를 했다. 몸감각운동(SEW)을 하고 나서 생리통이 없어졌고 밤에 잠을 잘 잤다고 하는 로힝야 여성들의 말을 나는 처음에는 믿지 않았다. 내가 부유한 국가인 한국에서 온 후원자이니까 나에게 좋은 말만 하는 것일까? 정말 치유의 효과가 있는 것일까? 그런데 그녀들의 소극적이던 움직임이 점점 커지고, 히잡을 벗고, 그저 앉아 있기만 했던 여성들이 옆자리에 앉은 여성들과 수다를 떨어서 교육 진행이 어려울 정도가 되었다. 교육장이 소란스러워 진행이 어려운 것이 펄쩍 뛸 만큼 기뻤다. "지방 방송을 꺼주세요", "앞에 집중해주세요"를 외치면서 어찌나 기쁘고 신나던지, 마음속으로는 계속 '지방 방송'을 해달라고 외치고 있었다. 그건 로힝야 여성들이 한국의 트레이너들과 이 교육 공간이 익숙해져서 마음을 놓을 만큼 안전하다고 느낀 것이고, 이미 아는 내용이니까 별로 안 궁금했던 것일 테고,

사회적으로 승화시켜야 하는데 로힝야는 보수적인 문화인 데다 여성들이 교육에 익숙하지 않아서 강사를 잘 따라가기가 쉽지 않았다.
그래서 자기 돌보기를 우선으로 많은 시간과 정성을 쏟았고, 그 과정에서 여성들은 스스로 마음을 회복하면서 자기만의 방식으로 애도를 다루고 있다는 생각이 들었다. 떠나간 가족을 떠올리면 여전히 눈물과 슬픔이 밀려오지만, 그래도 지금 이 순간에 바로 설 수 있음이 자기 돌봄과 애도가 아닐까 싶었다.
교육과정은 여성들이 심리 지원을 쉽게 경험하고 흐름을 이해할 수 있도록, 어려운 말과 개념은 다 빼고 몸으로 경험하게 하는 식으로 이루어졌다. 그리고 다른 이들을 이끌 수 있도록 지도력(leadership) 교육을 진행했다. 교육과정에서 놀랍게도 각자 본인이 잘 이해할 수 있고 재능을 보이는 과목이 있다는 것을 알게 되었다. 그들 중 맨 처음부터 교육을 받아왔던 핵심 인력을 과목 리더로 선발해 집중훈련시켰다. 그리고 소그룹을 나누어서 4명이 그룹장의 역할을 하게 했다. 한국인 트레이너의 설명에 그룹장들이 시범을 보이고, 그룹원들이 제대로 수행해볼 수 있도록 안내했다. 한국인 트레이너가 말할 때에는 반응을 나타내지 않던 로힝야 여성들이 자신과 같은 로힝야 여성 그룹장이 설명을 하니 고개를 끄덕였다. 그러면서 교육의 속도가 점차 빨라지기 시작했다.
여성들이 명상을 하면서, 파트너 요가를 하면서, 타시타시(터치 엑서사이즈)를 하면서 몸의 변화를 느끼는 것이 무엇보다

통과 후 다음 단계로 승격, 이런 과정으로 교육과정을 만들었다. 매번 로힝야 여성들과 교육을 이어가면서 교육 내용과 방법, 체계를 수정해나갔다. 그래서 매번 긴장을 놓칠 수 없었다. 교육을 받는 사람도 교육을 하는 사람도 서로를 알아가려는 마음이 느껴지고, 그냥 사업을 진행하는 것이 아니라 우리가 함께 어려움을 헤쳐나간다는 느낌이 들어서 모두가 진심을 다하던 순간들이었다.

2018년, 우리가 어떻게 로힝야 여성들의 트라우마를 다룰 것인가를 고민하면서 가장 중요하게 여겼던 것은 함께하는 사람들과의 관계성이었다. 참가자들 간에 친밀감과 결속력을 강화하는 관계 맺기를 하고 모임 형성을 하면서 연결성을 회복하면, 가족을 떠나보내고 충격과 혼돈 속에 고립되어 있을 여성들이 어두운 마음에서 벗어날 수 있지 않을까 싶었다. 서로의 아픔을 함께 느끼면서 동질감을 얻는다면 이 활동이 종료된 후에 우리가 떠나도 로힝야 여성들의 연대는 남지 않을까 하는 기대를 품고 있었다. 그래서 내부에서도 계속 여성들끼리 만나고, 그룹을 짜고, 함께 활동을 하게 하면서 마음을 열고 친숙해지도록 과정을 구성해나갔다.

애초에 교육 내용은 애도와 자기 돌봄을 중심으로 계획했으나, 첫 교육부터 계획을 수정해야 했다. 애도를 다루기에는 처음부터 교육이라는 방식이 여성들에게 익숙하지 않았기 때문이다. 일단 고통과 슬픔의 감정을 다룰 때에 다 같이 교육실에 앉아서 집단적으로 하는 방법이 적합하지 않았다. 개인적으로 다루거나 박사님을 찾아갔다. 미얀마에서 마더 프로젝트 공동체 워크숍을 이끈 트라우마 치유 전문가였다. 박사님과 함께, 로힝야 사태와 여성들의 트라우마 상황에 대해 이야기를 나누며 심리 지원을 어떻게 이어갈 것인가 논의해나갔다. 논의 결과, 트라우마의 증상에 대응하는 '치료'의 방식은 현장에서 지속 가능하지 않을 것으로 판단했다. 그보다는 현장의 조건을 고려해 피해 생존자 여성들이 서로의 삶을 나누고 지원하며 함께 배우고 성장할 수 있도록 여성 커뮤니티를 만드는 것을 목적으로 사업을 기획했다. 평화로운 의식을 더 깊이 경험하고 체화하면서 트라우마를 치유하고 일상의 회복을 돕는 방향으로, 즉 외부인이 아닌 로힝야 여성 스스로가 치유법을 배우고 서로를 치유하며 공동체를 회복할 수 있는 방법을 찾아가기 시작한 것이다.

'마음'과 '트라우마'라는 단어조차 없는 곳에서

나는 신 박사님에게 한국에서 심리치유자를 양성하는 것과 똑같은 과정으로 로힝야 여성들을 여성심리지원단으로 교육해달라고 요청했다. 우리가 여성심리지원단을 양성한다면, 실제로 그들이 심리치유를 할 수 있는 임상 수준을 갖고 있어야만 했다. 교육, 실습, 교실 밖에서의 자조모임 조직, 10회의 자조모임 운영 경험 구축, 한국의 트레이너들 앞에서 시연, 시험

가지러 갈 때도 서로 몸이 닿지 않았다. 불교도 여성들이 간식을 모두 가지고 오면, 다음 차례로 무슬림 여성들이 간식을 가지러 나갔다. 그리고 적막 속에서 멀리 서로를 지켜봤다. 그리고 불교도 여성들이 내게 와서 '무슬림들은 더럽고 거짓말을 잘한다'고 알려주기도 했다. 잘 알지 못하면서 갖는 서로에 대한 오해와 편견과 혐오는 생각보다 견고했다.

하지만 '사람들에게 평화를 심리사회지원 교육원'의 심리지원가들과 함께 관계 맺기(team building), 의사소통, 포옹 치료(hug therapy), 움직임 치료(movement therapy), 자원 찾기 등의 활동을 하며 3일간의 공동체 워크숍이 흘러갔다. 집단학살에 대한 기억과 종교적 배경이 다른 서로에 대한 혐오로 가득 찼던 여성들은 서로 끌어안고, 상대의 무릎을 베고 이야기를 나눴으며, 음식과 같은 서로의 문화에 관심을 갖기 시작했다.

그렇게 관계 속에서 평화의 첫발을 내딛었다. 같든 다르든 모두가 함께 살아내야 하는 우리의 삶에는 갈등이 존재하게 마련이고, 그 갈등 속에서 마음 돌봄이 얼마나 중요한가를 경험했다. 마음이 변하는 순간들이 바로 우리의 평화를, 민주주의를 만들어나가는 변혁의 순간들이었다. 이곳에서 3일 동안 무슬림 및 불교도 여성들과 함께한 공동체 워크숍에서 나는 사람의 마음을 움직이는 것, 서로를 마음으로 알아간다는 것의 위대함을 발견했다.

나는 이 기억을 되살리며 로힝야 여성들의 트라우마 치유 방법을 찾기 위해 '사람들에게 평화를 심리사회지원 교육원'의 신차선

보는 과정부터 시작했다. 방글라데시 정부는 로힝야의 고용을 금지하고 모든 프로젝트에서 방글라데시인을 채용하도록 했고, 당시 방글라데시인 사이에는 로힝야를 무시하는 행동과 태도가 만연했다. 그래서 로힝야 여성들을 만날 방글라데시 직원들은 유능한 행정 직원이기보다는, 로힝야를 동등하게 대할 수 있는 태도와 따뜻한 마음을 가진 사람들을 우선적으로 선발했다. 그러다 보니 프로젝트에 능숙하지 못한 직원들에게 컴퓨터 사용 교육, 페이스북 프로젝트 계정을 만들어 게시물을 작성하는 법, 이메일과 구글 드라이브 사용법, 사진과 영상 촬영법, 영상 편집법에 이르기까지 다방면의 초기 세팅과 교육, 훈련을 진행해야 했다. 그리고 직원들을 이해하고 관계를 만들기 위해 직원들의 집을 방문하여 맛있는 음식을 나눠 먹으며 가족들을 만나고, 우리 활동에 대한 소개를 했다.

앞서 말했듯, 2017년에 마더 프로젝트로 방문한 미얀마 중부 메이크틸라에서의 사업을 돌아보며 나는 방글라데시 콕스바자르에서의 사업을 구상했다. 메이크틸라는 2013년에 발생한 불교도에 의한 무슬림 집단학살의 현장이기에 적막했고 긴장이 흘렀다. 불교도와 무슬림 피해 생존자 여성들이 함께하는 프로그램에서는 처음부터 예상하지 못한 어려움들이 속출했다. 프로그램을 하려고 모이면 오른쪽에는 불교도 여성들이 앉았고, 왼쪽에는 무슬림 여성들이 앉았다. 자연스럽게 동선이 겹쳐지고 서로 섞일 법도 한데, 철저하게 분리되었다. 이렇게까지 서로 거리를 둘 것이라고는 상상하지 못했다. 간식을 반복적인 악몽으로 잠에 들지 못하거나, 급성 스트레스로 인한 두통, 식욕부진, 소화불량, 공황 등의 트라우마 증상에 시달리고 있었다. 그래서 나는 아픈 몸이 일상인 사람들에게 심리적 지지를 해줄 전문가를 찾기 시작했다. 하지만 로힝야 공동체에서도, 방글라데시에서도 적합한 사람을 찾을 수 없었다. 물론 방글라데시에 유능한 정신과 의사들은 있었지만, 외부인과의 접촉이 제한된 로힝야 여성의 문화적 특성을 고려하여 그들의 처지와 심정을 공감해줄 수 있는 여성 카운셀러를 찾기가 쉽지 않았던 것이다.

이런 상황에서 당장 시작할 수 있는 것은 동료 지지였다. 사실 동료 지지는 심리 지원에서 가장 중요한 기본 과정이다. 그래서 먼저 로힝야 여성들에게 심리 지원 방법을 교육하고 훈련하기로 했다. 총 석 달의 사업 기간 동안 로힝야 여성들은 이 과정을 성실히 수행했다. 이 시범 사업으로 우리는 로힝야 여성들과 어떻게 만날지에 대한 지난 과오를 점검하고, 앞으로의 세부적인 계획을 다시 세울 수 있었다.

당시는 단체의 자원이 부족한 상황에서 사업의 기획과 수행, 평가까지 책임져야 하는 열악한 조건에도 불구하고 한치의 주저함 없이 로힝야에 돌진했던 시기였다. 코이카(한국국제협력단) 사업의 틀 내에서 현장을 살릴 수 있는 방법들로 사업을 세팅하기 위해 한 달 동안 활동가 라이언과 콕스바자르에 머물렀다. 현지 파트너 단체인 RWWS(RW Welfare Society)에서 직원 채용 공고를 내어, 그 서류를 검토하고 면접을 채우는 울음과 아무도 말을 잇지 못하던 정적이 아닌, 시끄러운 경적 소리와 사나운 오토릭샤의 주행 소리, 거리를 뒤덮은 방글라데시인들의 말소리가 내 막연한 슬픔과 답답한 마음을 다시 일상 속으로 끄집어 올려주었다. 호텔 입구에 들어서면 반갑게 나를 맞이하는 호텔 매니저들의 인사에 화답하며 나는 비로소 2018년 한국인 인도적지원 활동가의 현실세계로 들어서곤 했다.

로힝야 사람들 속에서도 다시 셸터 안에 숨겨진 로힝야 여성들의 이야기는, 차별받는 존재들 속에서 또 차별받는 존재가 있다는 사실을 내게 알려주었다. 로힝야 여성의 이야기가 나의 이야기로 들리고 마음이 움직였다.

무슬림 여성과 불교도 여성이 서로 끌어안기까지

약 97만여 명이 거주하는 거대한 로힝야 난민 캠프의 황량한 풍경을 마음 끓이며 바라만 보고 있던 중, 2018년 2월 자금을 마련해 사업을 시작할 수 있었다. 세계봉공재단이 선뜻 로힝야 난민 지원 사업비를 내주어 아디가 로힝야 난민 여성과 인연을 맺을 수 있도록 마중물이 되어 주었던 것이다.

6개월 동안 로힝야 여성들의 마음과 어떻게 만날지 고민하며 시범 사업부터 수행했다. 캠프 안에서 만난 여성들은 여성으로 난민 캠프에서 태어나고 자랐다. 그래서 미얀마가 반세기에 걸쳐 로힝야에게 행한 제도적 차별과 2017년의 집단학살을 직접 겪지는 않았다. 아누아라는 태어날 때부터 난민이었지만, 캠프 밖 세상을 동경하고 꿈꾸며 살아간다. 아누아라는 내게 로힝야 아이들에 대한 교육의 필요성을 자주 이야기하곤 했다. 아누아라는 자신과 이곳 아이들이 바라는 꿈이 아마도 이루어지기 어렵다는 걸 알고 있을 것이다. 하지만 지속적으로 그녀는 내게 희망찬 미래를 이야기했다. 이야기하는 사람이 계속 존재하고, 그것을 듣는 사람이 계속 존재한다면 무언가 바뀔 수 있을까?

때로는 캠프를 거니는 수많은 인파 속에서, 거리 좌판대에서, 북적북적한 시장 속에서 슬픔보다는 익숙한 일상을 본다. 이 비현실적인 현실 속에서 다시 하루를 살아내는 이들에게서 생존을 향한 강한 의지를 느낀다. 어쩌면, 이 폭력의 아픔과 상실의 슬픔은 로힝야 사람들에게는 모두가 겪는 기본적인 삶의 시작인 것일까. 모두가 지나간 시간을 보기보다는 앞으로 남은 시간들을 바라보고 있다는 생각이 들었다. 그래야만 살아갈 수 있다는 듯이.

갈수록 캠프에서 들은 슬픔과 아픔이 내 안으로 들어오지 않고 막연해진다는 느낌이었다. 내 삶에 삶으로 들어오지 않는 잔인한 현실들은 현실이기를 거부한다. 새벽같이 어둠과 안개를 뚫고 캠프에 도착한 후 처절한 이야기들을 만나고, 다시 오토릭샤를 타고 울퉁불퉁 꼬불꼬불한 도로를 달려 돌아왔다. 셸터 안을 속에서도 우리는 부둥켜 안으며 슬픔을 나누기 위해 애썼다. 그리고 이 여성들에게는 슬퍼할 순간조차도 허락되지 않는다는 것을 알게 되었다.
캠프의 골목을 이동하는 여성들과 셸터 안에서만 머무르는 여성들은 마치 다른 세계에 있는 듯했다. 남성 없이는 외출할 수도 없는 무슬림 여성들이 매우 많았던 것이다. 어떤 여성은 당장 아이를 먹이기 위해 UN에서 배급하는 식량을 지급받아야 하는데, 여자는 셸터 밖을 나갈 수 없고 아이는 어려서 심부름조차 하기 어려우니, 옆집 남자에게 식량 수급을 부탁하고 오일 한 통을 주었다고 했다. 밥을 짓기 위해, 몸을 씻기 위해 물을 뜨러 가야 하는데, 대낮에 밖에 나갈 수 없으니 모두가 잠든 밤에 달빛을 의지 삼아 길을 찾아 물을 떠 온다고도 했다. 캠프에 온 후로 아이가 말을 하지 않고 음식도 잘 먹지 않아 걱정이라고 했다. 밥을 하다가도 갑자기 눈물이 흐르고, 잠이 오지 않는다고 했다. 어렵게 잠든 날도 집이 불타고 군인이 총을 겨누는 꿈을 꾼다고 했다. 그리고 불현듯 무서워져서 벌벌 떤다고도 했다. 생존이라는 전쟁터에서 살아가야 하는 여성들은 강물에 던져진 남편을, 어디론가 끌려간 남편을 그리워했다. 그리고 어떤 이는 불구덩이에 던져진 아이를 그리워하며 눈물조차 흘리지 못했다. 학살을 피해 도망온 이곳 로힝야 캠프에서도 이들은 도망치는 하루하루를 보내고 있었다.
출장 기간에 나의 입과 눈이 되어준 아누아라 베굼은 1992년 라카인에서 콕스바자르로 피신한 부모가 1999년에 낳은

이야기하는 사람이 계속 존재하고,
그것을 듣는 사람이 계속 존재한다면

2018년 2월 3일, 나는 방글라데시 로힝야 난민 여성 심리사회적 지원 사업 수요 조사 출장을 위해 콕스바자르를 다시 찾았다. 90만 명이 숲에 임시로 정착하면서 개간과 벌목으로 인해 산과 숲은 온데간데없고, 오르막과 내리막의 지형들만 이곳이 산이었음을 알려주었다. 지금도 그곳을 다시 떠올릴 때면 입 안에 달라붙던 흙먼지의 감촉이 생생하게 생각난다. 하루 종일 오르막길을 오르고 내리며 흙먼지를 뒤집어쓰며 사람들을 만났다. 현장의 수요를 조사하고 사업을 기획해야 했기에 눈으로 보고, 듣고, 확인하고 점검해야 했다. 그리고 길거리에서 히잡을 쓴 수많은 여성들 속에서 나에게 자신의 이야기를 나눠줄 수 있는 사람을 수소문했다.
한 여성과 긴 이야기를 나누기 위해서 방수포와 대나무로 만들어진 셸터로 들어갔다. 간단히 밥을 할 수 있도록 UN에서 가재도구를 분배했을 텐데, 배분받은 쌀가마니와 플라스틱 통 외에 셸터 안은 초라하기 그지없었다. 한번 이야기가 시작되면 끝이 나지 않았다. 정보를 얻기 위한 나의 짧은 질문에 그들은 긴 인생 이야기를 풀어놓았다. 울고 웃어야 하는 인생 이야기에 웃음은 없었고, 내내 슬픔과 울음만이 방수포 안을 무겁게 채웠다. 끝도 없는 무거운 사연들을 어떤 표정으로 들어야 할지 마음이 너무나 어려웠지만, 말하고 듣는다는 것의 무력감

목소리 중에는 무슬림이 21세기에 불교국가 미얀마를 전복시킬
것이라는 루머도 있는데 추종자가 꽤 많다고 한다.
하지만 이렇듯 미얀마에 존재해온 무슬림 혐오와 이번 학살은
결이 다른 사건이었다. 나는 당시에 혐오와 학살 방조가
연결되어 있다는 것에 대해 혼란스러운 마음을 느꼈다. 한없이
친절하고 따뜻한 미얀마인들은 정중한 예의를 보이며 나를
존중했지만, 또 다른 나의 친구에게는 한없이 차가웠고 그를
인간으로도 취급하지 않았다.
하지만 생각해보면 미얀마에는 버마인, 불교도인만 있는 것은
아니었다. 그들이 다수이기에 미얀마의 비버마족, 비불교도
들은 늘상 자신의 생명과 안전에 대한 긴장감을 갖고 살아갔을
것이다.
미얀마 양곤에서 단골이었던 택시 기사 아저씨는 인도 출신의
기독교인이었다. 그는 택시 안에 큰 십자가상을 두고 십자가
목걸이를 하고 다녔다. 누가 봐도 버마족이 아니기 때문에
자신의 안전을 위해 내가 이슬람교도가 아니라 기독교인이라고
늘 외쳐야 한다고 했다. 미얀마 안에서는 비불교도인들이 자신의
안전을 위해 다른 소수자들을 품지 못한다. 그것이 소수의
죽음에 침묵하게 하는 사회적 이유일지도 모르겠다. 나는
흔들리는 마음으로 미얀마를 떠났다.

기타(5%, 중국계, 인도계) 등 135개의 민족이 살아가고 있으며, 불교도(88%), 기독교(6%), 이슬람교(4%) 등의 종교가 있다. 나는 인터뷰이들이 이 사태의 원인과 실태에 대해서 알고 있는지, 로힝야의 역사와 정체성은 무엇인지, 로힝야와 버마인과의 갈등의 원인은 무엇인지, 군부가 왜 로힝야를 죽이는지에 대한 이야기들을 들었다. 로힝야에 대해 이야기해주는 버마인 인터뷰이를 섭외하는 것도, 그의 집에 찾아가는 것도 비밀리에 이루어졌다. 집에서도 창문을 닫고 조용히 이야기해야 해서 내내 긴장감이 흘렀다.

그동안 나에게 미얀마는 친절과 사랑, 평화의 나라였다. 미얀마 불교도들과 주고받은 따뜻함이 여전히 내 마음속에 존재하는데, 미얀마가 로힝야를 학살하고 침묵했다는 사실이 믿기지 않았다. 나는 그 침묵에 분노했고, 나와 절친하지만 로힝야에는 무지한 미얀마인들에게 향했던 마음은 흔들리고 또 흔들렸다.

사실 2016년에 미얀마 메이크틸라 학살 마을을 조사하면서 미얀마 불교도들은 소수민족인 무슬림들을 다르게 생각해왔다는 것을 알게 되긴 했었다. 한 불교도 공무원은 무슬림들은 사람을 죽이고, 마음이 나쁘고, 동정심도 없으므로 같이 살아갈 수 없다고 했다. 미얀마에는 불교 국가의 불교 문화 전통을 보존하려는 969운동도 있다. 969는 부처님과 불교 수행, 불교 공동체를 의미하는 숫자다. 이들은 불교 기업과 불교 상점 물건을 이용하도록 독려하고 직장과 집에 969 스티커를 붙여 집합 감정을 느끼곤 한다. 무슬림과 불교도를 분리하려는 운동의

친한 사이, 사회적 지위가 낮은 여성은 '마(Ma)', 결혼했거나 중년
이상 사회적 지위가 있는 여성은 '더(Daw)'라는 경칭을 이름
앞에 붙여 부른다. 아디는 메이크틸라 평화의 씨앗 프로그램
1단계를, 미얀마 메이크틸라 분쟁 피해 생존자 여성의 강인한
자립성을 존중하며 그들의 삶을 지지하고 격려하고자 '마더'
프로젝트라고 이름한 것이다.
불교와 무슬림이라는 종교로 거주지가 나뉜 마을에서 살아가는
피해 생존자 여성들이 함께 모여 생계형 기술 교육과 평화로운
관계 맺기를 목적으로 한 활동을 70일간 진행했다. 그런데
그 당시 한국에 있던 지인들 몇몇이 내게 급작스럽게 안부를
물어왔다. "괜찮아?"라는 질문에 무슨 일인지 되묻는 나에게
지인들은 미얀마 라카인주에서 일어난 유혈 사태 소식을
전해주었다. 2017년 8월 25일 아라칸 로힝야 구원군(ARSA)이
미얀마 경찰 초소를 습격해 토벌 작전에 나선 미얀마군과
반군의 충돌로 사상자가 속출하고 있으며, 민간인까지 공격하고
있다는 외신들의 보도가 이어지는 중이라고 했다. 사실 확인을
위해 주변의 미얀마 불교도들에게 물어보았으나 답변을 해주는
이가 없었고 오히려 내게 그게 무슨 말이냐며 되물었다. 석연치
않은 상황들이었다.
9월 초, 미얀마 양곤으로 내려와 귀국 준비를 하면서 나는
미얀마 사람들을 대상으로 로힝야와 관련한 인터뷰에
참가했다. 대한민국 외교부의 미얀마 약황(23.04.18)에 따르면,
미얀마에는 버마족(70%), 소수족(25%, 샨, 카렌, 카친 등),

미얀마로 돌아갈 수도, 방글라데시로 들어갈 수도 없는 비등록
난민 로힝야 사람들은, 분명 존재하지만 어디에도 존재하지
않는 이들이다. 콕스바자르 꾸뚜팔롱 난민 캠프 관리소장은
당황스럽게도 이곳이 세계 어느 곳보다도 좋은 시설이라고
자랑스럽게 말했다. 그렇다. 이곳은 어쩌면 난민을 가두는 제일
좋은 시설인지도 모른다. 존재만으로 존재가 되는 것이 아니라,
존재를 끊임없이 증명해야 하는 존재들에 대한 상상을 해본
적이 없었던 나는 언젠가, 드러내지 못하는 로힝야 난민들의
소리가 되고 싶다는 생각을 하며 그곳을 떠났다. 그리고 2016년
아디 창립 후 '아디닥스'라는 로힝야 공부 모임을 하면서
로힝야에 대한 진실들을 글자로, 보고서로, 책으로 조금씩
알아가게 된다.

혐오와 학살 방조가 이어져 있다는 것

나는 2017년 8월 말, 미얀마 중부 메이크틸라에 파견되어
'마더(MA DAW) 프로젝트'라는 활동을 하고 있었다. 2013년 3월
20일부터 3일간 메이크틸라에서 불교도에 의한 무슬림 학살로
총 43명 사망, 86명 부상, 1만 3,000명의 피난민이 발생했고,
아디는 2017년 피해 생존자 여성들의 공동체 회복 및 생계 역량
강화를 위한 프로젝트를 진행했다. 미얀마에서는 미혼 여성이나

꾸뚜팔롱 난민 캠프를 방문한 나를 위해 통역을 맡아준 아사둔 무스타파(35세, 남)는 빠르게 산 능선까지 안내한 후 자신의 셸터로 나를 초대했다. 허름하지만 쓸고 닦아 정성을 들인 공간임을 단번에 알아볼 수 있었다. 이곳으로 피신해 결혼을 하고 아이를 두었다는 무스타파의 아내는 처음 만난 외국인에게 단 주스를 대접하며 새벽같이 이동한 여행객의 고단함을 달래주었다.

남의 시선을 신경 쓰지 않아도 되는 집 안에서야 무스타파는 솔직한 생각들을 나눠주었다. 우기에 비가 새서 움막이 허물어지자 캠프 관리자가 더 먼 숲 속으로 들어가라고 했다는 황당한 이야기와 함께, '우리 아이들에게는 교육이 없다, 미래가 없다, 그저 생존할 뿐'이라며 로힝야 난민 캠프의 교육 현실에 대해 토로했다. 그도 이곳에 온 지 2년이나 되었지만 아직도 미등록 인구(UNHCR)에 포함된다고 했다.

무스타파는 주변을 흘깃거리면서도 굉장히 낮은 목소리로 짧은 시간 동안 속사포처럼 많은 정보를 전해주었다. 그리고 사진을 찍어도 되지만 메모리카드는 빼서 숨기고 캠프 밖으로 나가야 한다고 내게 여러 번 주의를 줬다. 캠프 관리소에서는 취재나 사진 촬영은 안 되며, 오직 눈으로만 빨리 구경하고 오라고 했다. 지금도 그렇지만, 2010년에도 로힝야 난민은 캠프 통행에 방글라데시 정부의 허가가 필요했다. 그리고 외부 방문자의 캠프 접근도 어려웠다. 특히나 언론인의 취재를 차단했기 때문에 그는 계속 나를 걱정했다(내가 비밀 취재원일 거라고 생각한 듯하다).

25만 명이 대량 이주하면서 19개의 캠프가 설치되었다.
어렵게 출입 허가를 얻어 올라선 산능선에서 드문드문 세워진
허름한 움막들을 바라보니 나도 모르게 탄식이 흘러나왔다.
숲에서 꺾어 온 나뭇가지와 숲을 헤매며 주워 왔을 나뭇잎들로
벽과 지붕을 얼기설기 이어 사람이 제대로 서지도 못할 높이로
세운 이곳을 유엔난민기구는 '셸터(shelter)'라고 불렀다. 난민
캠프는 바로 이렇게 몸을 겨우 피할 수 있는 움막, 텐트로
만들어진 임시 거주지 셸터들이 임시 마을을 이루고 있는
곳이다.
취미로 산속에 텐트를 치고 잠을 자고 밥해 먹는 산행과 캠핑
여행조차도, 며칠에 한 번씩은 산 아래로 내려가 식수와 식량을
공급받고 제대로 샤워도 해야 한다. 하지만 이곳에서는 며칠에
한 번씩 내려갈 산 아래가 없으므로 산속의 생활이 매일같이
반복되는 일상일 것이었다.
방글라데시 콕스바자르와 미얀마의 거리는 강과 숲 하나로
국경이 나뉠 만큼 가까웠다. 결코 멀지 않은, 손으로 가리킬
수 있을 만큼 가까운 저곳에 고향이 있다고, 사람들은 자꾸만
내게 알려줬다. 산 위의 움막들을 지나는 길에 우연히 사람들이
한데 모여 웅성거리는 모습을 보았다. 어제 숲에 나무하러 갔던
로힝야 사람들이었다. 이들은 경찰들이 자신을 마구 때리며
나무를 하지 못하게 한다며 한탄했고, 나무를 하지 못하면
나무를 팔 수 없고, 그러면 먹고살 수가 없다며 호소했다. 세
명의 여인들은 나를 보자 서럽게 울었다.

산 속에 사는 사람들, 로힝야를 만나다

나는 2008년까지 수자타 아카데미에서 불가촉천민이라고 불리는 사람들과 교육, 마을개발 등의 활동을 했다. 수자타 아카데미는 1994년 한국JTS(Join Together Society, 정토회의 법륜 스님이 기아, 질병, 문맹 퇴치를 목적으로 설립한 국제구호단체)에서 인도의 북부 비하르주 둥게스와리에 설립한 불가촉천민을 위한 학교이다. 그러다 2009년 인도의 국경을 넘어 방글라데시로 향했다. 방글라데시의 경제학자인 무하마드 유누스가 그라민은행을 설립해 빈민들에게 무담보 소액 대출 사업을 하기 시작한 그곳에서 여성들이 가난을 탈출하는 현장을 경험하고, 거리 곳곳에서 살아가는 아이들을 만나 친구가 되고 싶었다.

그리고 무엇보다 길에서 만난 여행자가 일러준 방글라데시 콕스바자르의 난민 캠프를 방문할 생각이었다. 그때까지 나는 난민에 대한 현실감이 없었다. 내가 가장 가깝게 다가갈 수 있는 장소로 가서 직접 난민들을 만나는 것, 그것이 당시의 내가 난민을 알기 위해 할 수 있는 선택이었다.

2010년 1월 치타공에서 차로 다섯 시간을 달려 도착한 곳은 꾸뚜팔롱 캠프였다. 미얀마 북부 '라카인주에서 온 미얀마 난민'(방글라데시 정부의 표현)을 위해 1992년 11월 28일 방글라데시 콕스바자르에 설치된 캠프다. 1991~1992년 미얀마 군대가 로힝야족에게 행한 강제노동, 종교적 박해 등으로 약

별빛은 로힝야 난민 캠프에서 샨티카나라는 여성 커뮤니티 공간 설립을 기획하고 현재까지 사업을 총괄하고 있다. 그녀가 로힝야 사람들을 처음 알게 된 14년 전으로 기억을 거슬러올라가, 아무것도 없던 난민 캠프 한복판에 여성 커뮤니티 공간이 생기게 된 여정을 들려준다.

별빛

샨티카나의
　　　탄생

2
샨티카나를 만든 이야기

"우리는 그곳에 우리 몸을 그저 두어본 것 같아요."